IX 9Marcas

REVISTA

PENSANDO BÍBLICAMENTE PARA
EDIFICAR IGLESIAS SANAS

El cielo

I0161677

es.9marks.org | revista@9marks.org

Herramientas como esta son provistas por la generosa inversión de los donantes.
Cada donación a 9Marks ayuda a equipar a líderes de iglesias con una visión bíblica y recursos prácticos para reflejar la gloria de Dios a las naciones a través de iglesias sanas.

Donaciones: www.9marks.org/donate.

Si usas cheque, puedes hacerlo a nombre de «9Marks» y enviarlo a:
9 Marks
525 A St. NE
Washington, DC 20002

Amazon ISBN:

Editor Español: Daniel Puerto
Director Editorial: Jonathan Leeman
Generente Editorial: Alex Duke
Maquetado: Rubner Durais
Gerente de producción: Simona Gorton
Director Internacional: Rick Denham
Presidente de 9Marcas: Mark Dever

CONTENIDO

EL CIELO Y LA DOCTRINA DE LA IGLESIA

CÓMO EL CIELO FORMA NUESTRA FILOSOFÍA DE MINISTERIO

Nota editorial

Daniel Puerto

Christopher Love (1618-1651) fue un pastor galés del siglo XVII. Debido a persecución política, fue arrestado y luego condenado a morir decapitado en Londres. Inmediatamente antes de su decapitación, pudo decirle al teniente de la torre: "Señor, bendigo a Dios, mi corazón está en el cielo. Estoy bien".[1] Después de su muerte, su esposa escribió 140 páginas acerca de su vida como esposo, padre y pastor. Ella expresó que Love "vivió demasiado en el cielo como para vivir mucho tiempo fuera del cielo".[2]

¿Qué tanto pensamos acerca del cielo? ¿Qué tanto anhelamos el cielo? ¿Qué tanto enseñamos y predicamos acerca del cielo? Quizás, a diferencia de nuestros hermanos puritanos, vivimos en una época en la que poco se medita, se enseña y se canta acerca del cielo en nuestras iglesias locales y discipulados personales. En Hechos 1:11, dos varones con vestiduras blancas dijeron a los discípulos después de que Cristo ascendiera al cielo: "Varones galileos, ¿por qué estáis mirando al cielo? Este mismo Jesús, que ha sido tomado de vosotros al cielo, así vendrá como le habéis visto ir al cielo". Jesús ascendió al cielo y vendrá de ahí. Él está actualmente reinando sobre Su trono en el cielo. Por eso, Pablo dice a los creyentes colosenses: "Si, pues, habéis resucitado con Cristo, buscad las cosas de arriba, donde está Cristo sentado a la diestra de Dios. Poned la mira en las cosas de arriba, no en las de la tierra. Porque habéis muerto, y vuestra vida está escondida con Cristo en Dios" (Col. 3:1-3). Cristo está en el cielo y ahí debe estar nuestra mente, corazón y afectos.

El cielo es el lugar donde Dios habita de manera especial en toda Su gloria, majestad y esplendor (Mt. 6:9). El cielo no es un lugar de ficción. El cielo es una realidad. Isaías experimentó la realidad física del cielo: quiciales de puertas se estremecieron, la casa se llenó de humo, había un altar y carbones y tenazas (Is. 6:4, 6). El cielo no es un lugar de existencia etérea, fantasmal. Además, el cielo es nuestro hogar verdadero. El apóstol Pedro dice que somos "extranjeros y peregrinos" en esta tierra (1 P. 2:11). Jesús mismo dijo: "No se turbe vuestro corazón; creéis en Dios, creed también en mí. En la casa de mi Padre muchas moradas hay; si así no fuera, yo os lo hubiera dicho; voy, pues, a preparar lugar para vosotros. Y si me fuere y os preparare lugar, vendré otra vez, y os tomaré a mí mismo, para que donde yo estoy, vosotros también estéis" (Jn. 14:1-3). Si esto es así —y lo es— entonces debemos estar dirigiendo nuestros pensamientos y afectos al cielo, especialmente en una temporada en la cual hemos sido recordados constantemente acerca de la muerte por los múltiples fallecimientos cercanos a la mayoría de nosotros.

1 Joel R. Beeke y Mark A. Jones, *A Puritan Theology: Doctrine for Life* [*Una teología puritana: doctrina para la vida*] (Grand Rapids, Michigan: Reformation Heritage Books, 2012), 1047.
2 Joel R. Beeke y Randall J. Peterson, *Meet the Puritans* [*Conoce a los puritanos*] (Grand Rapids, Michigan: Reformation Heritage Books, 2006), pos. 5603 de 12763, edición Kindle.

Muchos creyentes, a lo largo de la historia, han puesto su mirada en el cielo al enfrentar sus más difíciles tribulaciones. En el primer siglo, durante la persecución de los cristianos, muchos mártires muertos fueron sepultados en las catacumbas. En ellas se puede leer inscripciones tales como "En Cristo, Alejandro no está muerto, sino que vive", "Uno que vive con Dios" y "Fue llevado a su hogar eterno".[3] Cipriano (210-258), el padre de la iglesia, escribió un tratado sobre la mortalidad. En él expresó:

"Consideremos, queridos hermanos, que debemos reflexionar siempre y de vez en cuando que hemos renunciado al mundo, y que mientras tanto estamos viviendo aquí como huéspedes y extranjeros. Saludemos el día [de nuestra muerte] que nos asigna a cada uno su propio hogar, que nos arrebata, y nos libera de las trampas del mundo, y nos devuelve al paraíso y al reino… ¡Qué placer hay en el reino celestial, sin temor a la muerte; y qué felicidad tan elevada y perpetua con la eternidad de la vida!".[4]

Jonathan Edwards meditó y predicó mucho acerca del cielo porque sabía que su congregación necesitaba ser apuntada a su hogar eterno. Todavía podemos leer sermones tales como: "Los verdaderos santos, cuando están ausentes del cuerpo, están presentes con el Señor", "Nada en la tierra puede representar las glorias del cielo", "Las muchas mansiones", "Servir a Dios en el cielo" y "El cielo es un mundo de amor", entre otros. Owen Strachan y Douglas Allen Sweeney afirman que "En la asombrosa predicación y enseñanza del pastor [Edwards] sobre el cielo, encontramos una fe fresca y el valor para seguir caminando a través del árido desierto en busca de un lugar de perfecta paz y alegría".[5] Los creyentes, desde el primer siglo, han pensado y enseñado mucho sobre el cielo. No podemos hacer más que seguir su ejemplo.

El Ministerio 9Marks existe para equipar con una visión bíblica y recursos prácticos a líderes de iglesias para que la gloria de Dios se refleje a las naciones a través de iglesias sanas. Publicamos esta Revista 9Marcas acerca del cielo para recordarnos la esperanza que tenemos en Cristo de estar para siempre con Él en nuestro permanente hogar. Anhelamos que los pastores, maestros y líderes de nuestras iglesias locales a lo largo del mundo de habla hispana recuerden el cielo y trabajen en enseñar y apuntar a sus congregaciones a nuestro eterno hogar.

Cantemos acerca del cielo, escribamos acerca del cielo, recordémonos unos a otros acerca de nuestro hogar eterno, recordemos todas las promesas de la inerrante y confiable Palabra de nuestro Dios sobre el cielo. Miremos nuestra vida y ministerios y dolores y anhelos y posesiones materiales a la luz del cielo. Con Pablo digamos: "esta leve tribulación momentánea produce en nosotros un cada vez más excelente y eterno peso de gloria" (2 Co. 4:17).

3 Randy Alcorn, *Heaven* [*El cielo*] (Sin lugar: Tyndale House Publishers, 2004), 4.

4 Cyprian of Carthage, «On the Mortality» «Sobre la mortalidad», en *Fathers of the Third Century: Hippolytus, Cyprian, Novatian, Appendix* [*Padres del siglo III: Hipólito, Cipriano, Novaciano, Apéndice*], ed. Alexander Roberts, James Donaldson y A. Cleveland Coxe, trans. Robert Ernest Wallis, vol. 5, *The Ante-Nicene Fathers* [*Los padres ante-nicenos*] (Buffalo, NY: Christian Literature Company, 1886), 475.

5 Owen Strachan y Douglas Allen Sweeney, *Jonathan Edwards on Heaven and Hell* [*Jonathan Edwards sobre el cielo y el infierno*], (Chicago, Illinois: Moody Publishers, 2010), 88.

La iglesia debería cantar en aras del cielo:

Cuándo y por qué dejamos de cantar acerca del cielo y cómo empezar de nuevo

Matthew Westerholm

Las iglesias evangélicas estadounidenses no cantan acera del cielo tan a menudo ni tan bien como solían hacerlo. Y esta no es solo mi opinión personal. Como parte de un proyecto de investigación de mayor envergadura, comparé dos grandes selecciones de cánticos de adoración.[1] La primera selección fueron los cánticos congregacionales más comúnmente cantados en Estados Unidos entre 2000 y 2015; en el segundo grupo se encontraban los cánticos congregacionales más comúnmente publicados en Estados Unidos entre 1737 y 1960.[2] Entre muchas similitudes, una diferencia fue sorprendente: el tema del cielo, del que antes se cantaba frecuente y ampliamente, ahora casi ha desaparecido.

Este artículo comienza rastreando ejemplos de las diferencias entre estos dos grupos de cánticos y brinda algunas explicaciones de los cambios. Preocupado por lo que indican estos cambios, concluí exhortando a las iglesias locales a seguir cantando acerca del cielo.

Lo que ha cambiado

Para empezar, piensa en las diferentes formas en que los creyentes cantan acerca de la presencia de Dios. A grandes rasgos, los himnos estadounidenses tradicionales describen nuestro recorrido hacia la presencia de Dios en un futuro hogar celestial como el peregrinaje desde la ciudad caída hacia la celestial, al igual que la historia de John Bunyan, *El progreso del peregri-*

---

1 Gran parte de este artículo se basa en la investigación para mi tesis, "The Hour Is Coming and Is Now Here': The Doctrine of Inaugurated Eschatology in Contemporary Evangelical Worship Music" [«Se acerca la hora y ya está aquí: La doctrina de la escatología inaugurada en la música de adoración evangélica contemporánea»] (Tesis de doctorado, The Southern Baptist Theological Seminary, 2016). Algunos de estos pensamientos fueron desarrollados para un artículo de DesiringGod: «Come, Lord Jesus: The Simple Prayer Our Songs Forgot» [Ven, Señor Jesús: La simple oración que nuestros cánticos olvidaron], 16 de abril de 2017 (https://www.desiringgod.org/articles/come-lord-jesus).

2 Para mi discusión de la música de adoración contemporánea, utilicé datos de la CCLI para escoger una selección de 83 cánticos que comprendían las 26 mejores canciones entre 2000 y 2015. Para obtener la lista y un análisis útil de los himnos protestantes estadounidenses, véase la obra de Stephen A. Marini, "Hymnody as History: Early Evangelical Hymns and the Recovery of American Popular Religion" [«La himnodia como historia: Los primeros himnos evangélicos y la recuperación de la religión popular estadounidense»], *Church History* [*Historia de la iglesia*] 71, no. 2 (2002): 273-306; y para la discusión de un análisis actual, véase la obra de Marini, "American Protestant Hymns Project: A Ranked List of Most Frequently Printed Hymns, 1737–1960" [«Proyecto de himnos protestantes estadounidenses: Una lista ordenada de los himnos impresos con mayor frecuencia, 1737-1960»]. En *Wonderful Words of Life: Hymns and Evangelical Protestant Traditions in America* [*Maravillosas palabras de vida: Himnos y tradiciones evangélicas protestantes en Estados Unidos*], editado por Richard J. Mouw y Mark A. Noll, 251-264. Grand Rapids: Eerdmans, 2004.

no.[3] En contraste, gran parte de la música de adoración contemporánea (MAC) se refiere a la presencia de Dios como una experiencia actual y cercana.[4]

Una breve comparación de los cánticos de cada período demuestra esta diferencia.[5] El himno de William Williams de 1745, "Guide Me, O Thou Great Jehovah" [«Guíame, oh gran Jehová»] habla acerca de ser un «peregrino» (verso 1). Le pide a Dios que lo guíe «durante todo [su] viaje» (verso 2) hasta «llegar a salvo del lado de Canaán» (verso 3). El coro del himno de John Cennick de 1743, "Jesus My All to Heaven Has Gone" [«Jesús, mi todo al cielo ha ido»] repite: «Estoy en mi viaje a casa, a la nueva Jerusalén. Estoy en mi viaje a casa, a la nueva Jerusalén». Y el antiguo y famoso himno irlandés «Sé Tú mi visión» expresa: «Guíame al cielo a morar en Tu hogar».

Quizá el ejemplo más claro de un himno de peregrinación es el de Samuel Stennett, «Estando a orillas del Jordán». En la frase inicial, el creyente describe su ubicación actual como «tormentosa» y mira hacia «la tierra feliz y hermosa». El segundo verso desarrolla el tema: «Sobre esos anchos llanos, amanece eterna luz, y por fin la noche acabará, pues es cual sol Jesús». Stennett luego contrasta este mundo caído con la bienaventuranza del mundo venidero: «Allá en la costa de salud no hay pestes ni dolor; no más tristeza o mortandad, allá no habrá temor». El último verso se esfuerza por ver la presencia de Dios como una realidad distante: «¿Cuándo he de entrar en el país bendito y ver la faz de Aquel con quien iré a morar en sempiterna paz?». Casi se puede sentir el dolor, el anhelo de lo que se ha prometido y esperado, pero que aún no se ha visto.

Por el contrario, las canciones más populares de MAC, por lo general, hacen énfasis en la presencia de Dios como una realidad que se siente actualmente. Estos cánticos celebran la presencia de Dios en términos espléndidos y absolutos. Considera el tercer verso del himno «Reinas por la eternidad» de Jason Ingram: «Aquí estás, aquí estás, Tu presencia es real».[6] Otras canciones sitúan la presencia de Dios en el creyente como individuo en lugar de en la comunidad reunida. El coro minimalista de

Marie Barnett «Eres mi respirar» comienza con las palabras: «Eres mi respirar, Dios, Tu presencia vive en mí».[7]

Esta misma tendencia aparece incluso en las nuevas adaptaciones de los clásicos, la principal de ellas, «Sublime gracia: de mis cadenas libre soy » de Chris Tomlin, que es una adaptación del himno de John Newton de 1779, "Faith's Review and Expectation" [«Revisión y expectativa de la fe»], que todos conocemos como «Sublime gracia».[8] Como se observa en su título original («Expectativa»), Newton resaltaba la orientación *futura* de la fe (por ejemplo, «Y cuando en Sión por siglos mil…»). Tomlin, sin embargo, altera el énfasis cronológico de Newton eliminando el verso anticipatorio más fuerte: «En los peligros o aflicción, que yo he tenido aquí, su gracia siempre me libró y me guiará feliz». ¿Con qué reemplazó un verso que tanto ha resistido la prueba del tiempo? Con un coro que celebra la experiencia subjetiva actual de la fe: «De mis cadenas libre soy, mi Salvador me rescató».

Pero aquí sucede algo incluso más sutil. Así es como Newton termina su himno: «La tierra pronto se disolverá como nieve; el sol dejará de brillar; pero Dios que me llamó aquí abajo, será mío por siempre». Tomlin adapta la letra orientada hacia

---

3 Para una discusión útil acerca del «cielo» como el centro de la esperanza cristiana y la presencia de Cristo, así como el inútil bagaje platónico, véase la obra de Mike Wittmer, *Heaven is a Place on Earth: Why Everything You Do Matters to God* [*El cielo es un lugar en la tierra: por qué todo lo que haces es importante para Dios*] (Grand Rapids: Zondervan, 2004).

4 Para ser claro, los eruditos emplean diferentes términos para describir los aspectos de la adoración y alabanza contemporánea. He escogido el término «música de adoración contemporánea», ya que estoy discutiendo los cánticos más comúnmente usados en Estados Unidos. Para una discusión acerca de los diferentes términos y las formas en que se utilizan, véase la obra de Lester Ruth y Swee Hong Lim, *Presence and Purpose: The Hidden History of Contemporary Praise & Worship* [*Presencia y propósito: la historia oculta de la alabanza y adoración contemporánea*] (Grand Rapids: Baker, 2021).

5 Aunque existe el peligro de sacar grandes conclusiones a partir de unos pocos ejemplos, se anima a los lectores interesados a leer la discusión de mi disertación sobre este tema y analizar más ejemplos en la investigación de Marini.

6 Jason Ingram y Reuben Morgan, "Reinas por la eternidad", 2010.

7 Marie Barnett, "Eres mi respirar", 1995.

8 Chris Tomlin, Louie Giglio y John Newton, «Sublime gracia: de mis cadenas libre soy». En aras de la brevedad este análisis utiliza el nombre de Chris Tomlin, ya que también es el artista de grabación y líder de adoración más asociado con esta canción.

el futuro para enfatizar la realidad actual de la presencia de Dios. Repite esta línea: «será mío por siempre», en lo que se conoce como una «muletilla». Pero cuando Tomlin hace esto, cambia los tiempos verbales para que la presencia de Dios pase de una expectativa futura de «todavía no» a una experiencia actual de «ya». La frase «*será* mío por siempre» de Newton, se convierte en la frase «*eres* mío por siempre» de Tomlin.

Para ser justos, la MAC sí canta, aunque brevemente, acerca de la era venidera. En términos generales, resalta la universalidad de la alabanza. En otra canción popular, Tomlin escribe: «Y *todos lo verán*, cuán grande es Dios».[9] Ingram extiende la metáfora por encima de la alabanza de las personas a la alabanza de todo el orden creado: «Eres rey, la creación proclamará».[10] ¿Qué harán los creyentes en la era venidera? Según las canciones más coreadas en la Música de Adoración Contemporánea, los creyentes harán exactamente lo que están haciendo ahora mismo: alabar a Dios y disfrutar de Su presencia.

Ciertamente hay ejemplos de MAC que reflejan ricamente la orientación futura de la fe cristiana, pero el acento retórico de las canciones contemporáneas populares se centran en la presencia de Dios y nuestra experiencia de ella en el aquí y ahora. Mientras que a algunos

les resulta fácil permitirse el rechazo total del género MAC, los críticos más sabios investigan las fuerzas que conducen a las iglesias a provocar el *eschaton* con su lenguaje celestial y a cantar acerca del cielo solamente como una experiencia presente.

¿Por qué el cambio?

Este cambio de énfasis entre los himnos estadounidenses es demasiado sustancial para atribuirlo a una sola influencia. Así que permíteme enfocarme en tres: ciertas ramas del pentecostalismo, la juvenilización y la comercialización.

Así como es reduccionista caracterizar a todas las ramas de, digamos, la fe bautista como idénticas, puede ser útil reconocer la amplia variedad de creencias y prácticas entre los carismáticos y pentecostales. Muchos de estos creyentes poseen una escatología rica y matizada; muchos podrían usar la terminología y las categorías de lo que comúnmente se denomina «escatología inaugurada».[11]

Habiendo observado la extensa variedad del pensamiento

carismático, parece importante identificar la influencia desproporcionada que algunas ramas del pentecostalismo han ejercido sobre los cánticos congregacionales del evangelicalismo más amplio. ¿Cuáles ramas han sido las ramas más influyentes? Por lo general, las del pentecostalismo de la «obra terminada» y del pentecostalismo «unitario». Estos pentecostales afirman que los logros pasados de Cristo hacen que todos los beneficios espirituales estén actualmente disponibles para el creyente lleno de fe. Desde una perspectiva evangélica, esto debería reconocerse como una escatología sobrerealizada, una que puede abrir la puerta a varias formas de teología dañina.[12]

Segundo, es importante notar la influencia que la *juvenilización* ha tenido sobre la iglesia estadounidense en general y la MAC en particular. La música juvenil, como los eruditos usan el término, es música que apunta a los más jóvenes y, por tanto, se adapta a sus experiencias de vida, deseos y niveles de madurez emocional. Resalta la inmediatez, por ejemplo, en lugar de llamar a las personas a que sean perseverantes y pacientes. Debido a que muchos creyentes han experimentado momentos for-

---

9 Chris Tomlin, Ed Cash y Jesse Reeves, «Cuán grande es Dios», 2004 (énfasis añadido).
10 Ingram y Morgan, "Reinas por la eternidad".

11 Véanse muchos de los ensayos en la obra de Peter Althouse y Robby Waddell, eds., *Perspectives in Pentecostal Eschatologies: World without End* [*Perspectivas en las escatologías pentecostales: El mundo sin fin*] (Eugene, OR: Pickwick, 2010). De hecho, Nigel Scotland argumenta: «El enfoque [de las "teologías carismáticas"] ha cambiado de un inminente reino espiritualizado futurista [sic] en la década de 1960 a un reino que ahora se considera en gran medida presente y futuro con énfasis en la preocupación social y la filantropía». Nigel Scotland, "From the 'Not Yet' to the 'Now and the Not Yet': Charismatic Kingdom Theology 1960-2010" ["Del "todavía no" al "ahora y todavía no": teología catismática del reino 1960-2010»], *Journal of Pentecostal Theology* [*Revista de teología pentecostal*] 20, no. 2 (2011): 272.

12 Véase la obra de Larry R. McQueen, *Toward a Pentecostal Eschatology|: Discerning the Way Forward* [*Hacia una escatología pentecostal: discerniendo el camino a seguir*] (Dorset, UK: Deo, 2012), 294. Asimismo, véase *Kingdom Come: Revisioning Pentecostal Eschatology* [*Venga Tu reino: revisión de la escatología pentecostal*] (Dorset, UK: Deo, 2010) de Matthew K. Thompson, para el fascinante argumento de que el dispensacionalismo clásico ha debilitado la escatología vibrante del pentecostalismo genuino.

mativos de fe en ministerios de la escuela secundaria y la universidad, estos movimientos dirigidos generacionalmente, sin querer, ocasionaron cambios en la adoración contemporánea. Con el tiempo, estos eventos de adoración informal pronto forjaron las expectativas de toda una generación de adoradores.[13]

No debería sorprender a nadie que la himnodia forjada en contextos dirigidos a los valores y las necesidades percibidas de los jóvenes muestre poca preocupación por los temas que atraen a los santos mayores. Permíteme ofrecerte un solo ejemplo: la muerte. La MAC rara vez habla de la muerte, o al menos de *nuestra* muerte. El tema, cuando surge, normalmente se refiere a la muerte de Cristo o a la muerte derrotada.[14]

En una inusual referencia a la muerte *del creyente*, Matt Redman escribe: «En ese día cuando ya no tenga fuerzas, y se acerque ya el final». Esta es una buena línea y nos recuerda a la generación de himnos más antiguos. Sin embargo, observa cómo rápidamente la canción pasa a otro tema, más alegre: «Aun así te seguiré cantando, por 10,000 años y la eternidad».[15] Una verdad magnífica, dentro de lo que cabe, pero que apenas nos pide meditar en la amarga realidad de la muerte, que armaría a los adoradores mientras luchan contra este último enemigo, haciendo que las reflexiones sobre la promesa de los 10,000 años sea incluso más dulce. En cambio, la canción salta rápidamente de la dulzura de conocer a Dios ahora a más de lo mismo más adelante con —bueno, está bien— el rápido destello de la muerte en el medio. ¿Eso prepara a los santos que podrían pasar años cuidando de un cónyuge en el lento descenso del Alzheimer? ¿O décadas casado con un cónyuge emocionalmente insensible? ¿O toda una vida intentando superar las heridas del abuso infantil y la sensación crónica de la ausencia de Dios?

Esto es un poco aparte, pero podría ser valioso en todo esto considerar la edad promedio de nuestros cantautores más populares. Estoy agradecido por los muchos compositores jóvenes y talentosos con carreras prometedoras y ministerios en ascenso. Pero las alegrías del cielo probablemente preocuparían las mentes de los santos mayores que han sufrido pérdidas, aquellos cuyos «mejores años» están muy atrás y no por venir. (A menos que, por supuesto, consideres que los «mejores años» de un creyente sean los posteriores a la resurrección).

Después de todo, los momentos de más profunda angustia han provocado algunos de los anhelos más incitantes del cielo. Considera el himno de Fanny Crosby de 1868, «Salvo en los tiernos brazos». Crosby escribió estas palabras después de la muerte de su pequeña hija.[16] Desde la riqueza litúrgica de la iglesia de refugiados de Calvino en Estrasburgo hasta el profundo lamento de los espirituales negros, hasta los *Himnos de Canaán* del autor de himnos de la iglesia china, Lu Xiao-Min, la historia de la iglesia ha demostrado que los cristianos que enfrentan persecución producen algunas de las expresiones más ricas de anhelo por el cielo.[17]

Por último, deberíamos considerar cómo la *comercialización* ha afectado nuestras canciones de adoración.[18] La composición, publicación y venta de cánticos congregacionales está lejos de ser un nuevo fenómeno.[19] Pero

13 Thomas E. Bergler, *The Juvenilization of American Christianity* [*La juvenilización del cristianismo estadounidense*] (Grand Rapids: Eerdmans, 2012); Swee Hong Lim y Lester Ruth. *Lovin' on Jesus: A Concise History of Contemporary Worship* [*Amar a Jesús: una historia concisa de la adoración contemporánea*] (Nashville, TN: Abingdon, 2017), 16-17.

14 Para comparar esto con la himnología tradicional, véase "Singing about Death in American Protestant Hymnody" [«Cantar sobre la muerte en la himnodia protestante estadounidense»] en *Wonderful Words of Life: Hymns in American Protestant History and Theology* [*Maravillosas palabras de vida: himnos en la historia y teología protestante estadounidense*], ed. Richard J. Mouw y Mark A. Noll (Grand Rapids: Eerdmans, 2004), 179-204.

15 Jonas Myrin y Matt Redman, «10,000 razones», 2011.

16 «Y cruzaré la noche lóbrega sin temor, hasta que venga el día de perenal fulgor. ¡Cuán placentero entonces con mi Jesús morar, y en la mansión de gloria siempre con El reinar!».

17 Para una consideración cuidadosa y teológicamente rica sobre la importancia de entonar cánticos de lamento, véase "Singing Lament" [«Cánticos de lamento»] en *Finding Lost Words: The Church's Right to Lament* [*Encontrando palabras: el derecho de la iglesia a lamentarse*] de Rob S. Smith, editado por G. Geoffrey Harper y Kit Barker (Eugene, OR: Wipf & Stock, 2017), 204-222.

18 Sobre este tema, considera la obra de Daniel Vaca, *Evangelicals Incorporated: Books and the Business of Religion in America* [*Evangélicos incorporados: libros y el negocio de la religión en Estados Unidos*] (Cambridge, MA: Harvard University Press, 2019).

19 Christopher N. Phillips, *The Hymnal: A Reading History* [*El himnario: una historia de lectura*] (Baltimore, ML: Johns Hopkins University Press, 2018), traza la forma

que los sellos discográficos independientes de música cristiana estén siendo comprados por los principales sellos discográficos de música secular lo es. Dichas adquisiciones ofrecen ventajas: más dinero para invertir, mejor calidad de producción y mejor acceso de distribución, por nombrar algunas. Este arreglo ha permitido la proliferación de materiales basados en la adoración para la venta.

Pero también viene con un costo: un mayor escrutinio en los resultados finales.[20] Las disqueras seculares se preocupan por las ganancias, no por el discipulado y la teología. Y la mejor manera de asegurar ganancias a largo plazo es avivar el ya creciente poder estelar de los líderes y compositores de adoración.[21] Así que esta industria en crecimiento alienta a los consumidores a adquirir álbumes de adoración, a registrarse en conferencias de adoración y a asistir a «conciertos de adoración».[22] Más allá de las interpretaciones presenciales pagas, los consumidores también miran regularmente videos de música de adoración, ya sea eventos en vivo o colecciones seleccionadas de imágenes detrás de las letras.[23] Inevitablemente, los distintos modos de participación determinan las expectativas que los creyentes llevan a sus servicios dominicales.

Sencillamente, las preocupaciones financieras y las preocupaciones de discipulado coinciden muy poco. Convertirse en un seguidor de Cristo bien formado significa que anhelamos a nuestro Salvador venidero y a nuestro hogar eterno junto a Él en los cielos nuevos y la tierra nueva. Esta postura no mueve efectivos ni motiva a los consumidores. Tal industria compite con una consideración sobria y sustancial del cielo.

¿Cómo nos ha dañado el cambio?

Cantar no es mágico, pero lo que una congregación decide cantar los domingos por la mañana, brinda funciones únicas en el discipulado de una iglesia local. Más obviamente, las letras *enseñan*, enseñan la verdadera doctrina y la emoción correcta; apuntan a la mente y al corazón. Más allá de las palabras en sí, el arreglo melódico y harmónico de esas palabras ofrecen contextos emocionales y sociales importantes. Esta combinación —la verdad doctrinal de las letras con el contexto emocional y colectivo de la música— parece ser lo que el apóstol Pablo tenía en mente cuando llama a los creyentes en Éfeso a cantar y alabar al Señor (Ef 5:19). La iglesia de Éfeso estaba rodeada por una ciudad inmoral y en peligro de regresar a su estilo de vida pecaminoso. Y después de diagnosticar su inclinación hacia los pecados de la carne (Ef 4:17ss), prescribe como receta espiritual cantar y alabar al Señor.[24]

Eso es cantar en general. Pero ¿por qué cantar específicamente acerca del cielo? Aquí, una vez más, Pablo nos ayuda.

En 1 Tesalonicenses, enseña sobre la segunda venida y el estado final de los creyentes, terminando con la exhortación a «[animarse] unos a otros con estas palabras»

generalizada en que los himnarios publicados sirvieron de manera congregacional, devocional y educativa durante los siglos XVIII y XIX.

20 Véase la discusión en la obra de Ingalls, "Awesome in this Place" [«Impresionante en este lugar»], 115. Para una discusión fascinante, véase la obra de Monique Ingalls, "Transnational Connections, Musical Meaning, and the 1990s 'British Invasion' of North American Evangelical Worship Music" [«Conexiones transnacionales, significado musical y la "invasión británica" de la música de adoración evangélica estadounidense de la década de 1990»]. En *The Oxford Handbook of Music and World Christianities* (El manual de Oxford de música y cristiandades mundiales). Editado por Jonathan Dueck y Suzel Ana Reily (Oxford: Oxford University Press, 2013), 425-448.

21 Ingalls, "Awesome in this Place" [«Impresionante en este lugar»], 116-117. Ingalls cita a Deborah Evans Price, "'Praise and Worship' Music Extending Its Retail, Radio Reach" [«La música de "alabanza y adoración" extiende su alcance minorista y radial», 4.

22 Véase *Singing the Congregation: How Contemporary Worship Music Forms Evangelical Community* [*Cantando la congregación: cómo la música de adoración contemporánea forma la comunidad evangélica*] (New York: Oxford University Press, 2018) de Monique M. Ingalls; y Joshua Kalin Busman, «(Re)Sounding Passion: Listening to American Evangelical Worship Music, 1997-2015» ["(Re)Sonando pasión: Escuchando música de adoración evangélica estadounidense, 1997-2015"], (PhD dis., Universidad de Carolina del Norte en Chapel Hill, 2015).

23 Véase Monique M. Ingalls, "Worship on the Web: Broadcasting Devotion through Worship Music Videos on YouTube" [«Adoración en la web: transmisión de devoción a través de videos musicales de adoración en YouTube»] en *Music and the Broadcast Experience: Performance, Production, and Audiences* [*Música y la experiencia de transmisión: interpretación, producción y audiencias*], editado por Christina L. Baade y James Deaville (New York: Oxford University Press, 2016), 293-309. Véase también la obra de Teresa Berger, *Worship: Liturgical Practices in Digital Worlds* [*Adoración: prácticas litúrgicas en mundos digitales*], New York: Routledge, 2018.

24 Steven R. Guthrie, "Singing in the Body and in the Spirit" [«Cantar, en el cuerpo y en el espíritu»], *Journal of the Evangelical Theological Society* [*Revista de la Sociedad Teológica Evangélica*] 46, no. 4 (Diciembre de 2003): 638.

(1 Ts. 4:18). Cantar acerca del cielo siempre ha servido como un gran estímulo para los creyentes que no se sienten (ni deberían) como en casa en este mundo caído. Cantar acerca del cielo «reduce» las expectativas de una iglesia sobre lo que los creyentes pueden anticipar en esta vida.

Si no entendemos esto, el discipulado se vuelve mucho más difícil. Las iglesias que descuidan el cielo no ayudan a sus miembros porque hacen promesas que no pueden cumplir. Sin cantar y celebrar el mundo venidero, las iglesias sugieren tanto que este mundo es todo lo que hay como que la experiencia actual del creyente refleja la plenitud del reino. Estas desafortunadas implicaciones crean expectativas irreales y doctrinalmente falsas en una congregación que adora.

Los servicios que fracasan en hablar y cantar acerca del cielo comunican una escatología sobrerealizada que trágicamente minimiza las realidades de este mundo caído. Al evocar y anhelar el cielo, los creyentes reconocen algo bastante obvio de la perspectiva de Dios: *el estado caído actual del mundo no puede ser redimido con ingenio o esfuerzo humano adicional.* La certeza y dulzura del cielo, como parte del anhelo regular del creyente de estar con el Señor, permite a los cristianos fieles lamentar el pecado y la co-

rrupción de nuestra situación presente. Zack Eswine escribe: «En un mundo caído, la tristeza es un acto de cordura, nuestras lágrimas son el testimonio de los cuerdos».[25] Los adoradores tienen que reconocer estas realidades, no solo en las áridas abstracciones que se encuentran en nuestras declaraciones doctrinales, sino a través de los afectos del corazón que se encuentran en nuestros cánticos congregacionales.

Lo diré sin rodeos: las iglesias que no cantan acerca del cielo paralizan a sus miembros con una vida emocional pobre. Cuando los cánticos de una iglesia están exclusivamente llenos de fervor, gozo, compromiso y victoria, omiten aspectos esenciales de la vida emocional del cristiano: duda, decepción y frustración debido al pecado continuo. Cuando los servicios de adoración evangélicos implican que los creyentes deberían experimentar la victoria completa *ahora*, preparan a las personas para una decepción inevitable. Cuando las iglesias evitan cantar de temas como la enfermedad, la discapacidad y la muerte, dan a entender que nuestra experiencia actual refleja la plenitud de la bondad de Dios. Los cán-

25 Zack Eswine, *Spurgeon's Sorrows: Realistic Hope for those who Suffer from Depression* [*Los dolores de Spurgeon: esperanza realista para aquellos que sufren de depresión*] (Fearn, Ross-shire, UK: Christian Focus, 2015), 283-284, ubicación en Kindle.

ticos acerca del cielo y el mundo venidero nos permiten celebrar la victoria actual de Cristo mientras esperamos y anhelamos la llegada de la victoria final (He 2:8).

Como consecuencia final, cuando las iglesias insinúan que el reino está completamente aquí, el escenario está listo para la promoción de pastores celebridades. Después de todo, si esta reunión en particular es una experiencia completa de la presencia escatológica de Dios aquí y ahora, entonces el hombre que está al frente y a cargo de este reino tiene muchas posibilidades de ser visto como una especie de salvador y rey.

Por tanto, cantemos acerca del cielo. Cantemos acerca del cielo del Señor. Cuando los hacemos, nos protegemos de las expectativas poco realistas sobre nuestros pastores delegados por Dios y dirigimos nuestros corazones hacia el Príncipe de los Pastores. No puedo expresarlo mejor que Anne Cousin en su himno de 1857, «The Sands of Time are Sinking» ["Las arenas del tiempo se hunden"]:

> *El tiempo como arena,*
> *se hunde al romper;*
> *del cielo la aurora,*
> *el dulce amanecer;*
> *la noche ha sido oscura,*
> *mas va a resplandecer,*
> *la gloria en la tierra,*
> *de nuestro Emanuel.*

Acerca del autor

Matthew Westerholm es profesor asociado de música y adoración eclesial en The Southern Baptist Theological Seminary director ejecutivo del Institute for Biblical Worship.

«El mismísimo cielo del cielo»:

Reflexiones puritanas sobre la tierra de Emanuel

Matthew D. Haste

Si bien se suele recordar a los puritanos por predicar acerca de los horrores del infierno, ellos prestaron mucha más atención a las glorias del cielo. Buscaron, como expresó Thomas Goodwin (1600-1680): mantener «el corazón elevado al cielo».[1] Richard Baxter (1615-1691) exhortó a sus lectores a «lavar su alma en los deleites celestiales» y ofreció doce razones por las que tal contemplación es beneficiosa.[2] Para dicho fin, los puritanos predicaron y escribieron a menudo sobre del tema, explorando las gloriosas alturas del reino de los cielos y considerando preguntas clave acerca del estado futuro.

Una de las descripciones favoritas de los puritanos del cielo era «La tierra de Emanuel», una frase basada en Isaías 8:8 y famosamente asociada con las últimas palabras del puritano escocés Samuel Rutherford (1600-1661). La confesión en el lecho de muerte de Rutherford, «La gloria, la gloria mora en la tierra de Emanuel», inspiró a la poeta Anne Ross Cousin (1824-1906) a escribir el himno «The Sands of Time are Sinking» (Las arenas del tiempo se hunden) (titulado alternativamente «La tierra de Emanuel»).[3]

Entre todos los esplendores de la tierra de Emanuel, los puritanos a menudo se enfocaban en la presencia de Dios en Cristo como la cima de la gloria futura. Baxter definió el descanso eterno de los santos como «la perfecta e interminable fruición [gozo] de Dios por lo santos perfeccionados».[4] Goodwin señaló: «Él no solo nos promete cosas grandes y gloriosas que creará, sino que Él mismo será nuestro cielo».[5] En la mente del puritano, la gloria más grande del cielo será la presencia de Cristo.

Esta visión cristocéntrica del cielo se ejemplifica en la amada alegoría de John Bunyan (1628-1688), *El progreso del peregrino*, que describe la travesía del cristiano por este mundo hacia su hogar celestial. Los personajes de Bunyan conversan frecuentemente acerca de las glorias que les esperan en la Ciudad Celestial y su deseo lleno de fe de conocer a su Rey. El anhelo por la tierra de Emanuel distingue a los creyentes auténticos de los impostores falsos en la historia. Al insincero Flexible, por ejemplo, le emociona escuchar de las alegrías del cielo, pero abandona su viaje ante la primera señal de

---

1 Thomas Goodwin, *Of the Blessed State* [*Del bendito estado*], en *The Works of Thomas Goodwin* [*Las obras de Thomas Goodwin*], ed. Thomas Smith (1861-1866; repr., Grand Rapids: Reformation Heritage, 2006), 7:457.

2 Richard Baxter, *The Saints' Everlasting Rest* [*El descanso eterno de los santos*] en *The Practical Works of Richard Baxter* [*Las obras prácticas de Richard Baxter*] (Londres, 1846; repr., Morgan, PA: Soli Deo, 2000), 3:264.

3 Como cuestión de interés histórico, este fue el último himno que Charles Haddon Spurgeon (1834–1892) seleccionó. Su esposa, Susannah (1832-1903), señaló que era la elección más apropiada en sus reflexiones sobre sus últimos días. Véase C. H. Spurgeon, *Spurgeon's Autobiography: Compiled from His Diary, Letters, and Records, by His Wife, and His Private Secretary* [*Autobiografía de C. H. Spurgeon: compilado de su diario, cartas y registros, por su esposa y su secretario privado*] (Londres: Passmore y Alabaster, 1897-1899; repr., Pasadena, TX: Pilgrim, 1992), 4:370.

4 Baxter, *Saints' Everlasting Rest* [*El descanso eterno de los santos*], 3:11.

5 Goodwin, *Of the Blessed State* [*Del bendito estado*], 7:462.

angustia.[6] Exponiendo su falta de fe, no considera que la gloria futura vale el costo de sus sufrimientos presentes (cf. Ro. 8:18).

Cada vez que los personajes de Bunyan hablan acerca del cielo, el mismísimo Emanuel suele ser el centro.[7] Cuando Prudencia le pregunta a Cristiano por qué desea ir al monte Sion, Cristiano responde: «¡Ah! Porque allí espero ver vivo al que hace poco vi colgado en el madero».[8] Este énfasis se hace especialmente evidente cuando Cristiano y su acompañante, Esperanza, llegan al final de su recorrido. Aquí, en el clímax de la historia de Bunyan, Cristo es central en cada escena. Él es su consuelo en la muerte, la mismísima esperanza del cielo y el Señor de la tierra que anhelaban alcanzar.

Cristo, el consuelo en la muerte

Cuando Cristiano y Esperanza se acercan a la Ciudad Celestial, se sorprenden al descubrir el Río de la Muerte frente a ellos. Cuando su guía angelical explica que nadie puede evitar este último obstáculo, se sumergen renuentemente en las aguas. Esta última prueba resulta ser más de lo que Cristiano puede soportar. El temeroso peregrino comienza a hundirse, convencido de que Dios lo ha abandonado en sus pecados definitivamente.

A medida que la oscuridad se avecina, Esperanza puede consolar a su amigo dirigiendo su atención a Cristo: «¡Cobra ánimo! Jesucristo te salva». Este recordatorio simple pero profundo es suficiente para restaurar la esperanza de Cristiano, que proclama: «Oh, vuelvo a verlo y oigo que me dice: "Cuando pasares por las aguas, yo seré contigo; y cuando por los ríos, estos no te anegarán"».[9]

Bunyan expresa cómo Jesús sirve como la esperanza del creyente en la vida y la muerte. Cuando las aguas de la muerte rodean a una persona, un destello de Cristo es suficiente para restaurar el valor. La promesa de la presencia de Dios mediada a través de Su Hijo (Is. 43:1-2) transforma los temores de una persona, incluso ante la muerte.

Como explica Bunyan, la muerte es el camino necesario al cielo, aunque la experiencia particular variará de persona en persona: «Encontrarán que el río tiene mayor o menor profundidad, según crean en el Rey del país».[10] Lo que distingue nuestras últimas horas no es, finalmente, las circunstancias específicas o el alcance del sufrimiento físico, sino más bien, nuestra confianza en Cristo. Como proclamó el apóstol, Dios da a cada uno de nosotros la victoria sobre la muerte a través de nuestro Señor Jesucristo (1 Co. 15:57).

Cristo, la esperanza del cielo

Cuando Cristiano y Esperanza atraviesan el Río de la Muerte, son conducidos hacia la puerta del cielo por más ángeles. A medida que los dos amigos ascienden hacia la Ciudad Celestial, anticipan con entusiasmo la gloria del lugar. Si bien varios detalles impactan su imaginación, la promesa de la comunión con Cristo es lo más prominente en sus mentes.

El cielo será el lugar donde los peregrinos se sentirán abrumados con la presencia de Dios en Cristo. «Disfrutarán la vista y la visión perpetua del Santísimo» mientras «ven a su Redentor a la cara con gozo»; «le servirán continuamente con alabanza» mientras «caminan y hablan con el Rey todos los días de la eternidad»; y sus oídos se deleitarán al «escuchar [Su] agradable voz».[11] Queda claro: Cristo es la esperanza del cielo. En el cierre de la segunda parte de *El progreso del peregrino*, Valiente por la Verdad proclama de manera similar: «Me veo ahora al término de mi viaje; mis días de trabajo han concluido. Voy ahora a ver aque-

6 John Bunyan, *The Pilgrim's Progress* [*El progreso del peregrino*] en *The Works of John Bunyan* [*Las obras de John Bunyan*], ed. George Offor (Glasgow, 1854; repr., Carlisle, PA: Banner of Truth, 1999), 3:92. Más tarde, Buena Voluntad comenta acerca de Flexible: «Ay, pobre hombre. ¿Es la gloria celestial de tan poco valor para él, que no la considera digna de correr algunos peligros para obtenerla?» (97). Como contraste, véase la explicación de Intérprete del retrato de un pastor piadoso que se encuentra en el Palacio «Hermoso» (98).

7 Véase también la conversación de Cristiano con el hombre en la jaula de hierro en el Palacio «Hermoso». Bunyan, Bunyan, *The Pilgrim's Progress* [*El progreso del peregrino*], 3:101.

8 Bunyan, *The Pilgrim's Progress* [*El progreso del peregrino*], 3:108.

9 Bunyan, *The Pilgrim's Progress* [*El progreso del peregrino*], 3:164.

10 Bunyan, *The Pilgrim's Progress* [*El progreso del peregrino*], 3:163.

11 Bunyan, *The Pilgrim's Progress* [*El progreso del peregrino*], 3:164-65.

lla cabeza que por mí fue coronada de espinas y aquel rostro que por mí fue escupido».[12]

Las Escrituras invitan a los creyentes a anticipar con alegría muchas bendiciones en el cielo, incluido el descanso de las labores terrenales (He. 4:9-10), la libertad del pecado y el sufrimiento (1 Co. 15:42-44) y el reencuentro con los seres queridos que partieron con el Señor (1 Ts. 4:13-18). No obstante, como explicó memorablemente Richard Sibbes (1577–1635): «El cielo no es el cielo sin Cristo… Las alegrías del cielo no son las alegrías del cielo sin Cristo; Él es el mismísimo cielo del cielo».[13]

---

12 Bunyan, *The Pilgrim's Progress* [*El progreso del peregrino*], 3:243.
13 Richard Sibbes, «Christ is Best, Or St. Paul's Strait» en *The Works of Richard Sibbes* [*Las obras de Richard Sibbes*] (Edinburgh: James Nichol, 1860), 1:339.

Cristo, el señor de la tierra

Cuando Cristiano y Esperanza finalmente llegan a la Ciudad, el Rey mismo los saluda. Es él quien inspecciona la autoridad de sus manuscritos y quien emite el juicio final. Las puertas se abren a los cansados peregrinos a sus órdenes.

El punto de Bunyan es inconfundible: Cristo es el Rey, el Señor de la Tierra que lleva su nombre. Su gobierno sobre este lugar es pacífico y tierno, pero también es un Rey soberano que posee absoluta autoridad. En el siguiente capítulo, el Rey ordena que Ignorancia sea arrojado al infierno, ya que había viajado hasta la Ciudad Celestial sin tener una fe genuina. Bunyan comenta con seriedad: «Entonces vi que había un camino hacia el infierno, incluso desde las puertas del Cielo, al igual que desde la Ciudad de Destrucción».[14]

A los que el Rey da la bienvenida, les espera un sinfín de glorias, que superarán con creces los sufrimientos que soportamos mientras andamos por este mundo. Así, Goodwin exhorta: «Por tanto, tomemos a Dios como nuestra porción, todo lo que nos pase, todo lo que nos depare; venga lo que venga, las aflicciones, los dolores, las miserias o las cruces, el cielo lo compensará; Dios será mejor para ti que todo».[15] Ciertamente, para los puritanos, la esperanza de habitar un día en la presencia de Dios en Cristo, Emanuel, era «el mismísimo cielo del cielo». Todas las otras glorias y pruebas palidecen en comparación.

---

14 Bunyan, *The Pilgrim's Progress* [*El progreso del peregrino*], 3:166.
15 Goodwin, *Of the Blessed State* [*Del bendito estado*], 7:464.

Acerca del autor

Matthew Haste es profesor asociado de espiritualidad bíblica y director de estudios de doctorado profesional en The Southern Baptist Theological Seminary.

En la tierra como en el cielo:

Una (muy) breve teología bíblica del cielo

Sam Emadi

Para muchos cristianos, lo que sabemos del cielo proviene de unos cuantos pasajes dispersos en el Nuevo Testamento. Sabemos que estar ausentes del cuerpo significa estar presentes con el Señor (2 Co. 5:8). Sabemos que estar con Cristo es mucho mejor que continuar en nuestro estado actual aquí en la tierra (Fil. 1:21-24). Celebramos que Jesús fue al cielo a preparar lugar para nosotros (Jn. 14:3). Estas son verdades gloriosas para los peregrinos que caminan hacia la tumba.

Pero, ¿ofrece la Escritura más que unas pocas referencias dispersas acerca del cielo? Es más, ¿juega el cielo algún papel en la historia de la Biblia?

Cuando descubrí por primera vez la teología bíblica, me sorprendió cómo había pasado tantos años como cristiano sin haber visto el hecho bastante obvio de que el «cielo» no era el destino final del cristiano. En cambio, el pueblo de Dios se dirige a la restauración: cuerpos resucitados en una tierra nueva. En ese descubrimiento, no obstante, me costaba ver cómo el cielo —la dimensión del estado intermedio para los cristianos entre la muerte y la resurrección— encajaba dentro de la historia bíblica. Aunque me daba una esperanza gloriosa y me reconfortaba ante mi inevitable funeral, el cielo todavía parecía desconectado del arco narrativo de la Escritura: la creación, la caída, la redención, la nueva creación. ¿Dónde «encaja» exactamente el cielo en esa progresión?

En este artículo, quiero esbozar brevemente el papel que el «cielo» desempeña en la historia bíblica.

La creación

Una teología bíblica del cielo inicia en el primer versículo de la Biblia: Dios crea «los cielos y la tierra». Si bien la palabra «cielos» a menudo se refiere simplemente al cielo (Gn. 1:20), a lo largo de la Escritura también hace referencia al reino santo de Dios, Su morada especial habitada por ángeles justos (Sal. 2:4; 1 R. 22:19). «Los cielos y la tierra» en Génesis 1:1, por tanto, es una combinación de palabras que delimitan todo el orden credo, un orden creado que alberga dos reinos distintos: el cielo y la tierra.

Una figura y sombra de las cosas celestiales

Aunque estos dos reinos son diferentes, la Escritura revela una interesante relación entre ambos. Para ver este punto, tenemos que saltar por un momento a Éxodo, antes de continuar con la historia de la creación.

En Éxodo, Dios le ordena a Moisés que construya un tabernáculo y su mobiliario «conforme al modelo que [le] ha sido mostrado en el monte» (Ex. 25:40). En el Nuevo Testamento, el autor de Hebreos explica ampliamente que el tabernáculo terrenal era una «figura y sombra de las cosas celestiales» (He 8:5; cf. He. 9:23). Por extraño que parezca, el cielo tiene un santuario y este santuario le fue mostrado a Moisés como el plan del tabernáculo terrenal. El santuario celestial es un arquetipo, el terrenal una copia. Tal vez un pequeño gráfico pueda ayudar aquí.

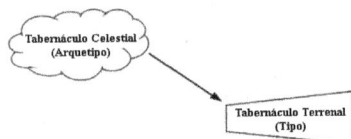

Pero la representación de Moisés del tabernáculo no solo muestra que es una copia del tabernáculo celestial, también es una recreación miniaturizada del huerto de Edén. El tabernáculo está decorado con árboles que dan fruto, ángeles, oro y otras imágenes que buscan evocar el huerto de Edén (Ex. 25). A los sacerdotes se les comisiona «labrar y cuidar» el tabernáculo, así como a Adán se le ordenó hacer lo mismo con el huerto (Gn. 2:15; Nm. 3:7-8; 8:26; 18:5-6). Incluso las instrucciones de Dios para construir el tabernáculo, presentadas en siete discursos divinos, reflejan los siete discursos hablados de la creación de Dios (Gn. 1; Ex. 25-31). De hecho, ambos ciclos de siete discursos terminan enfocándose en el día de reposo (Gn. 2:2-3; Ex. 31:12-17).

Ahora regresemos a Génesis y a la historia de la creación. ¿Cuál es el propósito de todas estas correspondencias? Esencialmente, estas correspondencias nos muestran que «el cosmos es un gran templo; el templo es un pequeño cosmos»[1]. En otras palabras, tanto el templo como el huerto de Edén fueron diseñados para reflejar el santuario celestial. Lejos de ser dos reinos independientes, Dios diseñó la tierra para que reflejara las realidades celestiales. Otros aspectos de Génesis corroboran esto. El pacto matrimonial es una imagen terrenal de la realidad celestial de la relación de Dios con Su pueblo (Gn. 2:18-25; Gn. 15:12-21; Ef. 5:22-33). Incluso la relación de pacto entre Dios y Adán como portador de Su imagen participa en estas analogías celestiales: reflejando la relación filial y paternal eterna entre el Padre y el Hijo. Una vez más, quizá sea útil un pequeño gráfico:

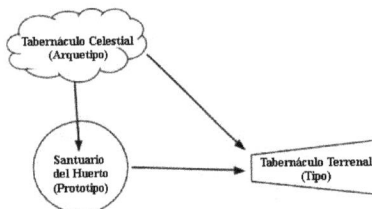

El cielo y la tierra, aunque son reinos distintos, no están completamente separados en la historia de la Biblia. Dios construyó un santuario terrenal (el huerto de Edén) para reflejar Su santuario celestial. El destino de estos dos reinos diferentes, entonces, parece inextricablemente vinculado desde los primeros momentos de la historia bíblica.

Un punto de acceso

El vínculo entre el cielo y la tierra, sin embargo, es incluso más cercano que la analogía que existe entre ambos. El santuario-huerto de Edén no solo refleja el santuario celestial, también es un *punto de acceso* entre el cielo y la tierra: un lugar donde los dos reinos ocupan el mismo espacio. El Señor acentúa este punto al plantar Edén sobre un monte, una estructura terrenal que escala las alturas celestiales (Ez. 28:13-14; cf. Gn. 2:6, 10-14). En el huerto, Adán, en una relación de pacto con Jehová, disfruta de Su presencia celestial (Gn. 3:8; Lv. 26:12; Dt. 23:15). En este santuario del monte, el cielo y la tierra se superponen. Los dos reinos coexisten mientras Dios habita en el cielo y en la tierra con Su pueblo. En el huerto, Adán puede acceder al cielo.

El objetivo de la creación es que esta superposición entre los dos reinos caracterice cada parte del cosmos. Dios ordena a Adán y Eva expandir la morada celestial de Dios por toda la creación. Deben ejercer dominio sobre las tierras no cultivadas fuera del huerto, expandiendo el santuario de Dios. Al mismo tiempo, ese santuario expandido necesitará más sacerdotes que adoren a Dios y lo conserven santo. Por tanto, Adán y Eva deben fructificarse y multiplicarse, llenando la tierra con más sacerdotes que porten Su imagen (Gn. 1:28).

En el principio creó Dios los cielos y la tierra. Pero la meta final de la creación es la unión definitiva del cielo con la tierra. Al igual que otra pareja complementaria, Adán y Eva, ambos se volverán uno.

La caída

Como resultado de la caída, Adán y Eva son expulsados del santuario del monte al reino de la muerte (Gn. 2:17). Al este del huerto, Adán, Eva y su progenie ya no pueden obtener acceso al reino celestial como solían tenerlo antes de la influencia contaminante del pecado. Para asegurar su destierro del punto de acceso de la tierra al cielo, Dios coloca una espada encendida y querubines al este de Edén para mantenerlos alejados de Su presencia (Gn. 3:24).

El resto de Génesis se centra en la distancia creciente entre los hombres pecaminosos y Dios, y entre la tierra y el cielo. Caín se muda incluso más lejos al este de Edén, estableciendo una ciudad de hombres destinada a rivalizar con la ciudad celestial que ya no es accesible (Gn. 4:16-17). Los constructores de la torre también viajan más al este, lejos de Edén (Gn. 11:2), al igual que los habitantes de Sodoma y Gomorra (Gn. 13:11). Estos movimientos geográficos demuestran la brecha cada vez mayor entre Dios y el ser humano, y entre el cielo y la tierra.

A la luz de la amplia brecha entre el cielo y la tierra, los constructores de la torre en Babel idean un intento de fusionar ambos reinos mediante sus propios esfuerzos.

«Y dijeron: Vamos, edifiquémonos una ciudad y una torre, cuya cúspide llegue al cielo; y hagámonos un nombre, por si fuéremos esparcidos sobre la faz de toda la tierra» (Gn. 11:4).

Esta torre, parecido a un zigurat, es una estructura con forma de monte. Interpretado a la luz de los primeros capítulos de Génesis, estos constructores de la torre están intentando crear un Edén rival, un santuario del monte hecho por el hombre con su propio acceso al reino celestial. Su monte rival, no obstante, resulta ser nada más que una imitación barata, más un montículo que un monte. Dios debe descender del cielo solo para verlo (Gn. 11:5).

El mensaje de Génesis es claro: al rebelarse contra Dios, el hombre perdió el acceso al reino celestial. Los dos lugares ya no se superponen como lo hacían en Edén. Nuestros mejores esfuerzos en crear ese punto de acceso son vergonzosos e insignificantes, movidos por arrogancia y plagados con más rebelión en contra del Creador. Si el cielo y la tierra se van a unir de nuevo, Dios debe actuar desde el cielo a la tierra.

La redención

Antiguo Testamento

Gloriosamente, Dios hace justo eso. En respuesta al fracaso de los constructores de la torre de acceder al cielo y, por tanto, de hacerse un nombre para ellos mismos (Gn. 11:4), Dios llama a Abraham de Ur prometiendo engrandecer su nombre (Gn. 12:2). En otras palabras, lo que los babelitas no lograron conseguir, Dios promete lograrlo a través de Su promesa a Abraham. En la simiente de Abraham se encuentra la esperanza de unir el cielo y la tierra. El mismo Abraham parece entender este punto. Al residir en la tierra prometida, a menudo edifica altares al Señor (12:7, 8; 13:18). Estos montes en miniatura simbolizan la expectativa de Abraham de que la tierra de Canaán se convierta en un nuevo Edén, una posición de avance del cielo desde la cual Dios reclamará toda la tierra.

Moisés aclara este punto más adelante en Génesis cuando uno de la simiente de Abraham, Jacob, se encuentra con ángeles en las fronteras de Canaán en más de una oportunidad (Gn. 28:12; 32:1). Esto evoca las centinelas celestiales en la frontera de Edén. En una de estas ocasiones, Jacob no solo ve ángeles, sino que los ve subir y bajar de una escalera, probablemente una estructura de monte en zigurat que une el cielo y la tierra con el Señor mismo en la cumbre (Gn. 28:12-13). La promesa de Jehová a Jacob desde lo alto de este monte de escaleras interpreta la importancia de esta visión: «La tierra en que estás acostado te la daré a ti y a tu descendencia… y todas las familias de la tierra serán benditas en ti y en tu simiente» (Gn. 28:13-14). Desde la tierra de Canaán y a través de la simiente abrahámica, Dios está restaurando en la tierra una «puerta» hacia el reino celestial (28:17).

A medida que la narrativa bíblica continúa, encontramos aún más evidencia de que Dios tiene la intención de superponer una vez más el cielo y la tierra en el mismo espacio. Una historia particularmente intrigante involucra a Moisés, Aarón, Nadab, Abiú y los 70 ancianos de Israel escalando el monte Sinaí y contemplando allí la sala del trono celestial de Dios.

> Y subieron Moisés y Aarón, Nadab y Abiú, y setenta de los ancianos de Israel; y vieron al Dios de Israel; y había debajo de sus pies como un embaldosado de zafiro, semejante al cielo cuando está sereno. Mas no extendió su mano sobre los príncipes de los hijos de Israel; y vieron a Dios, y comieron y bebieron» (Ex. 24:9-11).

Incapaces de mirar el rostro de Dios, su descripción de la sala del trono celestial se enfoca principalmente en su suelo (cf. Ez. 1:26; Ap. 4:6). La cumbre del Sinaí es el suelo del cielo. Dios, por medio de Israel, establece nuevamente una conexión entre el cielo y la tierra.

Estos espacios donde el cielo y la tierra se superponen, sin embargo, son a menudo inaccesibles para la mayoría de la humanidad. Solo Moisés y los otro 73 israelitas son bienvenidos en la cima del Sinaí. Solo el sumo sacerdote tiene acceso a la presencia de Dios en lugar santísimo, otro lugar de encuentro entre el cielo y la tierra en el Antiguo Testamen-to. Incluso entonces, el sumo sacerdote solo podía entrar una vez al año, para ofrecer sacrificio por él y la nación (He. 9:6-7).

Dadas estas restricciones debido al pecado del ser humano, se necesita algo más para la unión final del cielo y la tierra.

Nuevo Testamento

Cuando Jesús entra en escena en el Nuevo Testamento, la esperanza de la unión final del cielo y la tierra vuelve a estallar en el primer plano de la narrativa bíblica. Jesús, el Rey del cielo (Ef. 4:9; Ro. 10:6), desciende a la tierra para nacer de una mujer (Gá. 4:4). En Su persona, Jesús une el cielo y la tierra, encarnando la unión final de los dos reinos. El tabernáculo celestial y el tabernáculo terrenal encuentran su significado definitivo en Cristo, la palabra hecha carne que habita entre nosotros (Jn. 1:14). Una vez más, aquí tienes un pequeño diagrama:

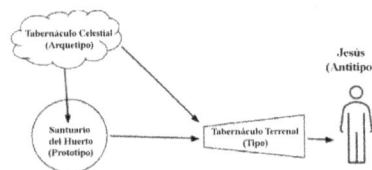

Jesús aclara este punto cuando se le revela a Natanael en el Evangelio según Juan:

> «Y le dijo: De cierto, de cierto os digo: De aquí adelante veréis el cielo abierto, y a los ángeles de Dios que suben y descienden sobre el Hijo del Hombre» (Jn. 1:51).

Jesús se identifica como la «escalera de Jacob», el nuevo santuario del monte que puede unir a los dos reinos. El cielo y la tierra ahora se superponen no en un lugar, sino en una persona. El rey del cielo ha venido a tomar el trono de David para gobernar a las naciones de la tierra.

El Evangelio según Mateo se centra en el mismo punto. Jesús inicia Su ministerio diciéndole a Sus seguidores que se arrepientan «porque el reino de los *cielos* se ha acercado» (Mt. 3:2; 4:17). El llamado de Jesús al arrepentimiento y la declaración de la llegada del reino de los cielos es una reordenación sorprendente de las expectativas proféticas. La unión escatológica anticipada entre el cielo y la tierra ha llegado no en el momento climático definitivo del fin de los tiempos, sino en la persona y predicación de un carpintero nazareno. Dirigido por el Rey celestial en la tierra, el reino celestial invade la tierra.

Quizá te preguntes: si el reino de los cielos está aquí, entonces, ¿dónde están los puestos fronterizos del cielo en la tierra? En las comunidades que Jesús edifica bajo Su gobierno. En otras palabras, en las iglesias locales. Como individuos, los seguidores de Jesús somos el pueblo del cielo que todavía vive en la tierra. Nuestra identidad es una identidad celestial. Nuestras vidas glorifican al Padre «en los cielos» (Mt. 5:16), acumulamos tesoros en los cielos y no en la tierra (Mt. 6:20), nuestro conocimiento salvífico de Cristo viene del cielo (Mt. 16:17), y hablamos del juicio del cielo sobre la tierra (Mt. 18:18), todo mientras oramos por el día de la consumación en el que la voluntad de Dios se cumpla en la tierra como en el cielo (Mt. 6:10).

Además, cuando nos reunimos en las congregaciones locales en el nombre de Jesús, el Rey de los cielos promete estar «allí» entre nosotros (18:20). Cuando el pueblo de Cristo se reúne en las iglesias locales, crea un punto de acceso entre el cielo y la tierra. Como lo expresa Jonathan Leeman, la geografía del cielo aparece visiblemente (aunque temporalmente) en la tierra cuando las iglesias locales se reúnen.

Pero estos farallones celestiales plantean un problema teológico importante. Están llenos de pecadores. ¿Cómo pueden servir como puntos de acceso al reino celestial? Es más, ¿cómo puede Dios unir definitivamente el cielo y la tierra no solo en estos farallones, sino también en la escatología, ya que el mismo cosmos ha sido contaminado por el pecado y la maldad?

Respuesta: la obra salvadora de Cristo. El sacrificio de Cristo no solo toma el lugar de los pecadores que merecen la ira de Dios; Su sangre también purifica al cosmos de la contaminación causada por el pecado humano. Hebreos 9:23 deja claro este punto.

Fue, pues, necesario que las figuras de las cosas celestiales fuesen purificadas así; pero las cosas celestiales mismas, con mejores sacrificios que estos».

Incluso el tabernáculo celestial había sufrido la contaminación por el pecado humano, una contaminación ahora eliminada por la aplicación de la sangre de Cristo. La limpieza del tabernáculo celestial, y por implicación del cosmos, allana el camino para la unión del cielo y la tierra sobre la base de la sangre de Cristo. O, como Pablo resume, a través de Cristo, Dios ha reconciliado «consigo todas las cosas, *así las que están en la tierra como las que están en los cielos*, haciendo la paz mediante la sangre de su cruz» (Col. 1:20).

La consumación

Por la obra de Cristo en la cruz, Su resurrección, ascensión y entronización, ahora somos ciudadanos del cielo (Fil. 3:20); tenemos acceso al monte Sion, «Jerusalén la celestial» (He. 12:22-24). Sin embargo, seguimos esperando la consumación de la unión del cielo y la tierra.

Apocalipsis, al usar los tipos y símbolos de las Escrituras anteriores, describe esta unión de ambos reinos en el fin de los tiempos cuando la antigua creación da paso a la nueva. En Apocalipsis 21, un ángel lleva a Juan «a un monte grande y alto» (Ap. 21:10) donde ve «la gran ciudad santa de Jerusalén, que descendía del cielo, de Dios» (Ap. 21:10). Aferrándose a capturar la grandeza y la importancia teológica de la visión, las metáforas mixtas de Juan se aceleran. Esta ciudad celestial que llega a la tierra es la novia de Cristo (Ap. 21:9). La ciudad también se describe como un cubo perfecto, evocando la forma del Lugar Santísimo tanto en el tabernáculo como en el templo (Ap. 21:15-17).

Juan continúa: «Y no vi en ella templo; porque el Señor Dios Todopoderoso es el templo de ella, y el Cordero» (Ap. 21:22). La presencia celestial de Dios ya no está restringida a un punto de acceso en la cima de un monte o en la sala interior de un tabernáculo. La presencia de Dios se extiende junto con todo el orden creado. El propósito de Dios para la creación finalmente se ha hecho realidad. El cielo ha llegado a la tierra, y toda la creación se ha convertido en la morada de Dios.

Acerca del autor

Sam Emadi es miembro de Third Avenue Baptist Church en Louisville, KY y sirve como editor principal en 9Marks.

¿Recibimos recompensas en el cielo?

Brian Vickers

La Biblia habla claramente de recompensas celestiales, pero por nuestra parte, siempre que hablamos de recompensas bíblicas (y los puntos de vista entre cristianos de ideas afines varían), debemos dejar de lado las ideas comparativas y tener cuidado de evitar la idea de que una vez que somos salvos por la fe sin las obras, ganamos varios grados de recompensas gracias a nuestra obediencia.

Entonces, ¿qué enseña la Escritura acerca de las recompensas en el cielo?

¿No habla Jesús de ganar recompensas?

Los Evangelios, específicamente Mateo y Lucas, incluyen varios ejemplos de Jesús enseñando acerca de las recompensas celestiales, pero no en el sentido de ganar recompensas *adicionales*. Jesús nunca contrasta diferentes cantidades de recompensas celestiales para quienes heredan el reino de Dios. En cambio, contrasta heredar el reino de este mundo con el reino de Dios. Consideremos algunos ejemplos.

> «Bienaventurados sois cuando por mi causa os vituperen y os persigan, y digan toda clase de mal contra vosotros, mintiendo. Gozaos y alegraos, porque vuestro galardón es grande en los cielos» (Mt. 5:11-12).

La gran recompensa, el cielo, es absoluta. La idea de recompensas *más grandes* entre los bienaventurados en el reino va en contra de la perspectiva del texto. En el reino de Dios, los bienaventurados —los mansos, los humildes, los misericordiosos, etc.—, se diferencian claramente de lo que se considera grande en este mundo.

«Haceos tesoros en el cielo» (Mt. 6:20). De manera similar, en Mateo 6, Jesús no está imaginando una especie de bóveda espiritual donde se depositan recompensas crecientes para el disfrute futuro. Jesús contrasta los valores de Su reino por encima de los valores del reino de este mundo. Vivir por las riquezas de este mundo significa vivir por cosas que no pueden durar, porque todo es destruido por «la polilla y el orín». Los tesoros del cielo, sin embargo, son eternos.

> «Jesús le dijo: Si quieres ser perfecto, anda, vende lo que tienes, y dalo a los pobres, y tendrás tesoro en el cielo; y ven y sígueme» (Mt. 19:21).

En esta declaración, Jesús señala el primer obstáculo que el joven rico tenía para seguirle: «tenía muchas posesiones» (19:22). Por supuesto, Jesús no está sugiriendo que alguien puede simplemente venderlo todo y darlo a los pobres para ganarse la vida eterna. Está diciendo que este joven rico no debería vivir para sus riquezas terrenales temporales, sino que debería valorar el reino de los cielos donde la humildad, el servicio y la misericordia cuentan. La recompensa es el reino de los cielos. La perfección que Jesús ofrece es la bendición escatológica que se extiende a los ciudadanos del reino.

«Amad, pues, a vuestros enemigos, y haced bien, y prestad, no esperando de ello nada; y será vuestro galardón grande, y seréis hijos del Altísimo» (Lc. 6:35).

Aquí, Jesús está enseñando a Sus discípulos acerca de la vida en Su reino en comparación con el mundo donde «los pecadores prestan a los pecadores, para recibir otro tanto» (6:34). La «gran» recompensa por el amor desinteresado, la generosidad y la misericordia es la plena realización de ser «hijos del Altísimo». Incluso si se vislumbra algún tipo de recompensa celestial, no hay indicios de que se pueda ganar a través de la obediencia. Aquellos que buscan la vida del reino que Jesús prevé están motivados por lo que han recibido por medio de la promesa, no por alguna recompensa adicional que puedan ganar.

¿Qué pasa con la parábola de los talentos?

En la parábola de los talentos, un siervo recibe cinco talentos, otro dos, y otro uno, cada uno conforme a su capacidad (Mt. 25:14-15). Ya sabes lo que sucede después, los siervos que comenzaron con cinco y dos,

duplicaron la inversión de su señor y ambos son recompensados: «Bien, buen siervo y fiel; sobre poco has sido fiel, sobre mucho te pondré; entra en el gozo de tu señor» (Mt. 25:21, 23). Pero el tercer siervo no hizo nada con su único talento y, posteriormente, es arrojado «en las tinieblas de afuera» (25:30). Su talento lo recibe el que tiene diez. Entonces Jesús declara: «Porque al que tiene, le será dado, y tendrá más; y al que no tiene, aun lo que tiene le será quitado» (25:29). El segundo siervo queda fuera de la redistribución. ¿Por qué? Porque la cantidad de talentos no es el problema; la fidelidad sí lo es. Dicho de otra manera, el punto de Jesús no es que mientras más hagas, *más* serás recompensado. Simplemente está resaltando la superabundancia del don escatológico que se describe en la parábola como «entrar en el gozo del señor».

Es un error traducir cada frase de la parábola —como «sobre mucho te pondré» o «le será dado, y tendrá más»—, como indicativos de un aumento de las recompensas o del estatus celestial. Las parábolas sencillamente no funcionan de esa manera. No podemos escoger arbitrariamente qué detalles están cargados teológicamente y cuáles son simplemente «parte de la historia». Por ejemplo, el señor claramente simboliza a Dios Padre. Pero nadie debería interpretar las descripciones específicas

del señor en la parábola como algo que refleja algo más acerca de los atributos o las acciones de Dios, como la descripción del siervo de que el señor cosecha donde no sembró y recoge donde no esparce (25:24, 26). Los que señalan esta parábola para defender los grados de recompensas celestiales no han prestado mucha atención al contexto ni entienden *cómo* leer las parábolas de una forma diferente a las narrativas.

Los verdaderos seguidores de Jesús *serán* recompensados; recibirán la herencia que Jesús prometió. Pero los niveles de recompensa celestial en base a las obras no son el tema central de la parábola. Además, las parábolas adyacentes —las diez vírgenes (25:1-13) y las ovejas y los cabritos (25:36-41)— confirman esta conclusión. No hay grados de disposición, fidelidad o servicio, aquellos en el reino están dispuestos, son fieles y sirven. Ellos escucharán: «Venid, benditos de mi Padre, heredad el reino preparado para vosotros desde la fundación del mundo» (25:34; cf. 25:10; 21). La motivación para la fidelidad se centra en agradar a Dios y el cumplimiento de Su promesa.

¿No recibirá cada uno una recompensa por algo?

En 1 Corintios 3:8, Pablo dice: «cada uno recibirá su recompensa» conforme a su labor.

El punto de Pablo aquí no se trata de los diferentes grados de recompensa, sino de cómo Dios juzgará y recompensará el trabajo de cada persona en función de si estaba fundamentado en Cristo (3:12-14). Observa que Pablo habla específicamente del ministerio cristiano aquí, y las recompensas no se presentan como motivos de fidelidad. En Colosenses 3:24, sin embargo, Pablo habla de forma más general de «la recompensa de la herencia» para todos los que hacen todo «como para el Señor y no para los hombres».

Otro texto que menciona las recompensas celestiales es 1 Timoteo 6:17-19:

> «A los ricos de este siglo manda que no sean altivos, ni pongan la esperanza en las riquezas, las cuales son inciertas, sino en el Dios vivo, que nos da todas las cosas en abundancia para que las disfrutemos. Que hagan bien, que sean ricos en buenas obras, dadivosos, generosos; atesorando para sí buen fundamento para lo por venir, que echen mano de la vida eterna».

Al igual que en el Sermón del Monte, «acumular» describe una vida marcada por el servicio, la generosidad y hacer el bien a los demás, la clase de vida que refleja y participa en la vida venidera. Si preguntamos: «Entonces, ¿qué obtendremos?», significa que no entendimos el texto.

Finalmente, la palabra «corona» aparece con cierta frecuencia en el Nuevo Testamento. Este término se asocia a menudo con las recompensas celestiales. La corona del creyente, no obstante, es una metáfora de la gloria de la vida eterna (cf. 2 Ti. 4:8; Stg. 1:12; 1 P. 5:4; Ap. 2:10). La recompensa prometida de la vida eterna exhorta a los creyentes a perseverar en la fe.

Enfócate en el dador, la recompensa vendrá después

La Biblia ofrece una recompensa futura para el pueblo de Dios, pero no enseña que ganamos recompensas por obedecer. Tampoco ofrece recompensas como motivación para la obediencia. Hacerlo pasaría por alto al que da y es la recompensa en favor de las recompensas mismas, es decir, Dios.

Los cristianos nunca deberíamos pensar en la obediencia, el amor o el servicio en términos de obtener alguna gratificación futura. Aunque los evangélicos seguiremos discrepando sobre la naturaleza de las recompensas celestiales, todos debemos tener cuidado de que en nuestra predicación y enseñanza no demos la impresión de que el cielo en la presencia de Cristo es glorioso, pero que las recompensas lo harán aún mejor. Cristo, por medio de quien tenemos perdón y vida eterna, es toda la recompensa que necesitamos.

Acerca del autor

Brian Vickers es profesor de Interpretación del Nuevo Testamento en The Southern Baptist Theological Seminary y miembro de Sojourn Church, Jeffersontown Kentucky.

Tres formas en que nuestras obras se relacionan con nuestra salvación

John Piper

Un efecto de prestar mucha atención a las Escrituras es que las generalizaciones radicales se vuelven problemáticas. Esto es notablemente cierto en la forma en que nuestras obras (incluidas nuestras actitudes, palabras y comportamiento) se relacionan con nuestra salvación.

Los textos bíblicos que abordan este tema son muchos y diversos, pero no contradictorios. Si tomas cualquiera de ellos y lo tratas como si fuera el cuadro completo, es casi seguro que guiarás a la gente en la dirección equivocada.

Por ejemplo, Pablo se alegra de que «el hombre es justificado por fe sin las obras de la ley» (Ro. 3:28). Entiendo que eso significa que cualquier cosa que llevamos a Cristo que no sea la fe, no tiene parte en el fundamento (Cristo) ni en el instrumento (la fe) de nuestra justificación. Esto es una verdad gloriosa, y nuestra vida depende de ella.

Pero si hablamos descuidadamente de la justificación como si no tuviera relación con las obras, o si generalizamos que la *salvación* está separada de las obras de la ley, alejamos a las personas de las Escrituras.

HACIA UNA MAYOR CLARIDAD

La *justificación* guarda relación con la obras. Asegura la eliminación de la ira de Dios para que Su Espíritu fluya libremente en una unión donde las obras son posibles y necesarias.

Y la *salvación* es una realidad más grande que la justificación. La justificación es un aspecto de la salvación. Hay otros aspectos de la misma que no son «ajenos a las obras», sino que, de hecho, dependen de las obras (aunque no la justifican).

Te invito a reflexionar sobre las siguientes tres formas de hablar de nuestras obras en relación con nuestra salvación. Y si consideras que son bíblicas, esforcémonos por hablar con la clase de cuidado que no anula una cuando afirma la otra.

1. Jesús es nuestra justificación

Al estar unidos a Cristo solo por la fe, Dios considera las obras perfectas de Cristo como nuestras. Él es nuestra justificación (1 Co. 1:30). Así, en un sentido concreto, hemos realizado en Cristo las buenas obras que se nos pidieron (Mt. 5:48; Stg. 2:10). Las obras de Cristo se cuentan como nuestras. Sobre esta base, se puede confiar en Dios, desde el punto de la fe en adelante, al cien por ciento.

- «Al que no conoció pecado, por nosotros lo hizo pecado, para que nosotros fuésemos hechos justicia de Dios en él» (2 Co. 5:21).
- «Mas por él estáis vosotros en Cristo Jesús, el cual nos ha sido hecho por Dios sabiduría, justificación, santificación y redención» (1 Co. 1:30).
- «Y ser hallado en él, no teniendo mi propia justicia, que es por la ley, sino la que es por la fe de Cristo, la justicia que es de Dios por la fe» (Fil. 3:9).

2. Nos ocupamos de nuestra salvación

En unión con Cristo solo por la fe, mientras disfrutamos de la presencia de Dios, ahora nosotros, por el poder del Espíritu Santo (Ro. 8:13), a través de la fe en la futura gracia de Dios (2 Ts. 1:11-12; 1 Co. 15:10), nos «ocupamos de nuestra salvación» (Fil. 2:13), llevando «el fruto del Espíritu» (Gá. 5:22) en una vida de justicia práctica, y así confirmamos nuestra fe salvadora y nuestra unión con Cristo y, de esta manera, recibimos la herencia de la salvación. No *obtenemos* nuestra herencia por nuestras obras de justicia (Ro. 8:15-17; Gá. 4:7), pero pertenecer a la familia y ser herederos es confirmado por nuestras obras de justicia.

- «Porque si vivís conforme a la carne, moriréis; mas si por el Espíritu hacéis morir las obras de la carne, viviréis» (Ro. 8:13).
- «El cual pagará a cada uno conforme a sus obras: vida eterna a los que, perseverando en bien hacer, buscan gloria y honra e inmortalidad» (Ro. 2:6-7).
- «No os engañéis; Dios no puede ser burlado: pues todo lo que el hombre sembrare, eso también segará. Porque el que siembra para su carne, de la carne segará corrupción; mas el que siembra para el Espíritu, del Espíritu segará vida eterna» (Gá. 6:7-8).

- «Como ya os lo he dicho antes, que los que practican tales cosas [las obras de la carne] no heredarán el reino de Dios» (Gá. 5:21).
- «¿No sabéis que los injustos no heredarán el reino de Dios? No erréis; ni los fornicarios, ni los idólatras, ni los adúlteros, ni los afeminados, ni los que se echan con varones, ni los ladrones, ni los avaros, ni los borrachos, ni los maldicientes, ni los estafadores, heredarán el reino de Dios» (1 Co. 6:9-10).

3. Dios recompensará nuestras buenas obras

Unidos a Cristo solo por la fe, disfrutando que Dios está con nosotros y caminando en obediencia práctica por la fe en Su gracia futura (2 Co. 9:8), no en la autosuficiencia (He. 13:21; Fil. 2:12-13), servimos «a Cristo el Señor» (Col. 3:24) y «procuramos serle agradables» (2 Co. 5:9; Fil. 4:18; Col. 1:10; 1 Ts. 4:1), «no sirviendo al ojo, como los que quieren agradar a los hombres, sino… de corazón haciendo la voluntad de Dios», para que recibamos del Señor diversos grados de recompensa conforme al bien que hayamos hecho.

Estas recompensas no se ganan, sino que las recibimos libremente en respuesta a nuestras obras de fe (1 Ts. 1:3; 2 Ts. 1:11), es decir, las obras que se basan en la gracia de Dios para que, cuando acabemos, digamos: «He trabajado más que todos ellos; pero no yo, sino la gracia de Dios conmigo» (1 Co. 15:10). Por tanto, Dios recompensa la clase de obras que atraen la atención a Su total suficiencia (2 Co. 9:8).

- «Porque es necesario que todos nosotros comparezcamos ante el tribunal de Cristo, para que cada uno reciba según lo que haya hecho mientras estaba en el cuerpo, sea bueno o sea malo» (2 Co. 5:10).
- «Y a sus hijos heriré de muerte, y todas las iglesias sabrán que yo soy el que escudriña la mente y el corazón; y os daré a cada uno según vuestras obras» (Ap. 2:23).
- «Porque el Hijo del Hombre vendrá en la gloria de su Padre con sus ángeles, y entonces pagará a cada uno conforme a sus obras» (Mt. 16:27).
- «Siervos, obedeced a vuestros amos terrenales con temor y temblor, con sencillez de vuestro corazón, como a Cristo; no sirviendo al ojo, como los que quieren agradar a los hombres, sino como siervos de Cristo, de corazón haciendo la voluntad de Dios; sirviendo de buena voluntad, como al Señor y no a los hombres, sabiendo que el bien que cada uno hiciere, ése recibirá del Señor, sea siervo o sea libre» (Ef. 6:5-8).
- «Una es la gloria del sol, otra la gloria de la luna, y

otra la gloria de las estrellas, pues una estrella es diferente de otra en gloria. Así también es la resurrección de los muertos» (1 Co. 15:41-42).

- «Él le dijo: Está bien, buen siervo; por cuanto en lo poco has sido fiel, tendrás autoridad sobre diez ciudades» (Lc. 19:17).

- «El que recibe a un profeta por cuanto es profeta, recompensa de profeta recibirá; y el que recibe a un justo por cuanto es justo, recompensa de justo recibirá. Y cualquiera que dé a uno de estos pequeñitos un vaso de agua fría solamente, por cuanto es discípulo, de cierto os digo que no perderá su recompensa» (Mt. 10:41-42).

- «Y todo lo que hagáis, hacedlo de corazón, como para el Señor y no para los hombres; sabiendo que del Señor recibiréis la recompensa de la herencia, porque a Cristo el Señor servís» (Col. 3:23-24).

CONCLUSIONES FINALES

Podemos aplicar estas relaciones entre nuestras obras y nuestra salvación de las siguientes formas:

Hablemos con el mismo grado de diferenciación que la Biblia hace entre nuestras obras y nuestra justificación, entre nuestra entrada al reino final y nuestras recompensas allí.

Gloriémonos en el evangelio de que ninguna obra que hagamos es la base de nuestra justificación.

Procuremos «hacer firme vuestra vocación y elección» (2 P. 1:10) por el amor que mostramos en el poder del Espíritu.

En todas nuestras vocaciones, trabajemos de corazón como para el Señor, sabiendo que «el bien que cada uno hiciere, ése recibirá del Señor» (Ef. 6:8).

Acerca del autor

John Piper es el fundador de desiringGod.org y rector de Bethlehem College & Seminary. Durante 33 años, sirvió como pastor de Bethlehem Baptist Church, Minneapolis.

Nota del editor

Este artículo ha sido reeditado con el permiso de Desiring God.

¿Aleluya sobre el infierno? Cómo se regocija el pueblo de Dios mientras sus enemigos perecen

David Mathis

La palabra *aleluya* aparece solo cuatro veces en el Nuevo Testamento. Eso podría sorprender a las iglesias y personas que la utilizan con frecuencia. Pero tal vez lo más sorprendente de todo es la ocasión en que son expresadas. De hecho, una de esas ocasiones es especialmente desafiante, si no repulsiva, para nuestros sentimientos modernos.

En Apocalipsis 19:1-6, *aleluya* es la frase de los santos en el cielo. ¿Por qué dicen «aleluya»? Porque se regocijan en la destrucción de los malvados.

AHORA VEMOS VAGAMENTE

¿Cuántos de nosotros hoy podemos siquiera soportar la idea del juicio divino, especialmente el juicio *final*? Entre quienes profesamos el nombre de Cristo, podemos genuinamente creer la Biblia y reconocer la realidad y la justicia de la ira de Dios y un infierno eterno. Pero, si somos honestos, a menudo intentamos evitar el tema. Quizá, de cierta forma, *toleramos* el juicio de Dios, pero nuestro instinto es ignorarlo. No nos *gusta*. Tal vez nos da un poco de vergüenza. Simplemente no pensamos en el infierno como una razón para que el pueblo de Dios se *alegre*.

Los factores de este instinto son correctos y buenos. Dios no pretende que la idea del infierno sea agradable. El infierno es más horrible de lo que podemos describir. Da testimonio del infinito valor del Dios que ha sido deshonrado por los que son arrojados allí. Pero en Apocalipsis, los santos, seguros en Cristo, se *gozan*. La idea de que algún día podamos disfrutar la justicia y el poder de Dios en acción en Su juicio, la idea de que el infierno pueda provocar nuestro «¡aleluya!», parece casi imponderable.

Pero ese día, veremos más claramente, pensaremos más acertadamente y sentiremos más correctamente. Apreciaremos más completamente el valor de la gloria de Dios, y conoceremos de forma más real la maldad de los humanos en su rebelión contra Él, sin importar cuán educados y civiles hayan parecido en la alta sociedad. Tendremos nuevas capacidades para percibir la gloria de Dios, y nos regocijarnos mientras Él muestra Su poder al destruir a los impíos. Incluso ahora, podemos condicionar nuestros corazones para que se alegren apropiadamente en esas verdades.

AFIRMAR LA VERDAD DE DIOS—Y EL CORAZÓN

Incluso con esas salvedades, muchos de nosotros podemos tener un gran espacio para el crecimiento emocional mientras consideramos si seremos capaces de estar felices en el cielo cuando sabemos que hay personas en el infierno.

Para comenzar, sería prudente evitar pretender que nuestra brújula moral es mejor que la de Dios. Algunos cristianos hoy pueden pensar de mala gana sobre el infierno: *De acuerdo, Dios lo dijo. Lo creeré, pero no me gusta.* Es el mismo estribillo que podríamos escuchar acerca de los llamados complementarios del hombre y la mujer, o acerca de cualquier serie de problemas en la primera línea del conflicto entre la enseñanza cristiana y las nociones que prevalecen en la sociedad moderna. Si bien podemos profesar admirablemente que nos aferramos a la Palabra de Dios, nuestro «desagrado» no es evidencia de madurez. En realidad, es una expresión de inmadurez moral, si es que no es un error o pecado.

Admitir que no nos gusta algo que Dios dice, hace u ordena nos presenta una oportunidad para crecer emocionalmente en nuestra semejanza a Cristo, quien habla acerca del infierno más que cualquier otra persona en las páginas de las Escrituras (ocho veces en el Evangelio según Mateo junto con Marcos 9:43-48 y Lucas 12:5).

INSPIRADOS POR EL JUICIO

Queremos madurar en esto al reflexionar sobre la felicidad del pueblo de Dios no *pese a* la destrucción de los impíos de parte de Dios, sino *a causa de* ella. Deberíamos buscar ayuda en pasajes como Apocalipsis 19. Deberíamos sumergir nuestras almas en ellos.

Corre más sangre en las páginas de Apocalipsis que en cualquier otra parte de las Escrituras. Y, sin embargo, ¿cuál es la tendencia que define al pueblo de Dios de principio a fin? Su adoración (Ap. 4:10; 5:14; 7:11; 11:16; y más). Su gozo en Dios se desborda en una alabanza audible.

A medida que los terribles juicios de Dios caen uno tras otro sobre los impíos, el tormento de los condenados en el infierno no puede disminuir el placer de los santos en el cielo. De hecho, los juicios de Dios, inspiran a Su pueblo a alabarle aún más. Mientras Su justicia cae sobre aquellos que soportan y profundizan su rebelión contra su Creador, ellos se alegran porque saben que son los destinatarios de Su gracia.

JUICIO PARA TI

Si pudiéramos mover las nubes y echar un vistazo al cielo, veríamos a mártires clamando por justicia: «¿Hasta cuándo, Señor, santo y verdadero, no juzgas y vengas nuestra sangre en los que moran en la tierra?» (Ap. 6:10). Escucharíamos un llamado angelical a adorar «porque la hora de su juicio ha llegado» (Ap. 14:7). También escucharíamos otro «cántico de Moisés» en el que los santos en el cielo proclaman: «Todas las naciones vendrán y te adorarán, *porque tus juicios se han manifestado*» (Ap. 15:4).

Las alabanzas del cielo culminan en Apocalipsis 18 y 19. El juicio de Dios muestra su *poder* ante los ojos expectantes de Su pueblo que le adora (Ap. 18:8). La destrucción de Babilonia convoca a Sus santos a adorar:

«¡Alégrate, oh cielo, por lo que le ha sucedido!

¡Alégrense también ustedes, santos, apóstoles y profetas!, porque Dios, al juzgarla, les ha hecho justicia *a ustedes*» (Ap. 18:20, NVI).

«A ustedes», les dice a los santos. Los juicios divinos de Dios contra los malvados sirven para *hacernos* justicia.

ALELUYA SOBRE EL INFIERNO

El clímax del juicio de Dios aparece en Apocalipsis 19:1-6. Es aquí donde el pueblo de Dios estalla en los cuatro *aleluyas* (versículos 1, 3, 4 y 6). ¿Por qué aleluya ahora? Porque el pueblo de Dios lo alaba por el juicio por medio del cual los salva:

«¡Aleluya! Salvación y honra y gloria y poder son del Señor Dios nuestro; porque sus juicios son verdaderos y justos; pues ha juzgado a la gran ramera que ha corrompido a la tierra con su fornicación, y ha vengado la sangre de sus siervos de la mano de ella» (Ap. 19:1-2).

Luego, una vez más, claman: «¡aleluya!» y declaran: «Y el humo de ella sube por los siglos de los siglos» (Ap. 19:3). Finalmente, la voz de una gran multitud irrumpe en el versículo 6: «¡Aleluya, porque el Señor nuestro Dios Todopoderoso reina!». Se acerca el día en el que el pueblo de Dios se *regocijará* de que Su juicio haya caído sobre los impíos. Entonces conoceremos y sentiremos por completo lo que ahora sabemos y sentimos solo en parte.

Ese día, y durante toda la eternidad, los horrores del infierno no arruinarán la alegría de la novia de Jesús. Por inimaginable que pueda parecernos a algunos de nosotros en este tiempo intermedio desorientador, la demostración decisiva y eterna de la justicia y el poder de Dios a través de la destrucción eterna de los malvados ocasionará la alabanza y el gozo del pueblo de Dios.

GOZO EN EL FINAL— Y AHORA

Cuando lleguemos a la gloria, encontraremos gozo eterno en el Dios de extraordinaria misericordia y justicia implacable. De hecho, no *podríamos* encontrar gozo eterno, creciente y profundo en un Dios que fuera injusto. En el fondo, no queremos un Dios sin ira ni poder. No queremos un Dios que afirma a los impíos o que simplemente los pasa por alto. No anhelamos a un Dios que se queda de brazos cruzados mientras el mal queda impune.

Muy pronto, los matices grises desaparecerán, y quienes están sin Cristo quedarán expuestos como rebeldes endurecidos en contra de su Creador; como detractores del Dios que amamos; aborrecedores del Cristo que adoramos y de Su novia. Hay una guerra en la que todo está en juego para el cosmos, una que ignoramos a nuestro propio riesgo.

Aunque ahora nos cueste entender cómo la destrucción eterna de los malvados podría ser un motivo de alegría, no será así siempre. Pero podemos seguir creciendo y madurando en esta vida. Lo que no podemos sentir ahora, lo sentiremos pronto. Cuando llegue el día, no eludiremos la verdad, sino que nos deleitaremos en ella. Nunca más cuestionaremos cómo suceden estas cosas. Entenderemos y adoraremos.

No nos estremeceremos. Proclamaremos *aleluya*.

Acerca del autor

David Mathis es editor ejecutivo de desiringGod.org y pastor en Cities Church en Minneapolis/St. Paul.

Casas en ruinas en la tierra, reino establecido en el cielo

Dieudonné Tamfu

Un día los cristianos heredaremos este mundo como nuestro hogar eterno. Pero si ponemos nuestras esperanzas en él ahora, en su estado actual, solo nos estaremos preparando para la tristeza y el sufrimiento.

Enseño y pastoreo en Camerún. Es bastante común escuchar acerca de asesinatos injustos, corrupción, violencia callejera y crímenes de guerra. Hace dos meses, llegó a nuestra iglesia la noticia de que ocho niños fueron asesinados a sangre fría por ocho hombres armados en una ciudad cercana. Desde 2016, nuestra nación ha estado involucrada en un conflicto entre las fuerzas rebeldes y gubernamentales. Las víctimas de esta guerra a menudo son mujeres y niños inocentes. Mi mente recuerda una espantosa imagen que ha circulado recientemente en las redes sociales: dos mujeres asesinadas a balazos, con sus bebés todavía sobre sus espaldas.

Para escapar de todo esto, miles de cameruneses han migrado a países vecinos o a partes más pacíficas de nuestro país. Pero incluso estas llamadas regiones pacificas se han vuelto más peligrosas. La masa migratoria ha reducido el número de trabajos disponibles y el desempleo ha hecho que aumente la delincuencia. La esposa de uno de mis alumnos fue amenazada con un cuchillo en un taxi; el delincuente robó todo su dinero y su teléfono. Otro estudiante fue perseguido por un taxi mientras conducía su motocicleta. Finalmente, el conductor se detuvo frente a él. Dos hombres saltaron fuera del taxi y lo persiguieron por la carretera. Uno lo apuñaló en la espalda para inmovilizarlo. Tomaron su motocicleta y lo dejaron desangrándose. Afortunadamente, un extraño lo encontró y lo llevó a un hospital, lo cual le salvó la vida. A varios de mis estudiantes los han asaltado o han allanado sus casas en el año pasado.

A veces, me pregunto: ¿Cómo puedo vivir y servir a Cristo en un lugar tan desmoronado? ¿Cómo no ceder ante el miedo constante?

LA ILUMINACIÓN NO NOS AÍSLA DEL SUFRIMIENTO

El autor de Hebreos me ha reconfortado grandemente.

«Pero traed a la memoria los días pasados, en los cuales, después de haber sido iluminados, sostuvisteis gran combate de padecimientos; por una parte, ciertamente, con vituperios y tribulaciones fuisteis hechos espectáculo; y por otra, llegasteis a ser compañeros de los que estaban en una situación semejante. Porque de los presos también os compadecisteis, y el despojo de vuestros bienes sufristeis con gozo, sabiendo que tenéis en vosotros una mejor y perdurable herencia en los cielos» (He. 10:32–34).

En contexto, el autor insta a los creyentes a aferrarse a la esperanza del evangelio, que es necesario para su salvación final (He. 10:19-25, 36). Como motivación para que ellos resistan, les recuerda su antigua disposición a sufrir gozosamente por Cristo en aras de las recompensas futuras.

El «evangelio» de la prosperidad promete un aislamiento del sufrimiento para aquellos que vienen a Cristo. Pero el autor de Hebreos enseña, junto con el resto del Nuevo Testamento, que la fe en Cristo no nos aísla del sufrimiento; garantiza el sufrimiento, específicamente a manos de no creyentes. Jesús dijo que en el mundo tendríamos aflicción (Jn. 16:33). El escritor de Hebreos le recuerda a su audiencia la misma verdad: «Pero traed a la memoria los días pasados, en los cuales, después de haber sido iluminados, sostuvisteis gran combate de padecimientos». Dios iluminó sus corazones, pero no aligeró sus circunstancias terrenales. El peso del sufrimiento nos hace anhelar la gloria futura, es allí donde la Escritura nos insta a fijar nuestros ojos.

NUESTRO FUTURO HOGAR, COMPRADO CON SANGRE

Pero esto plantea una pregunta: ¿Por qué? ¿Por qué los creyentes soportan el sufrimiento pacientemente? Hebreos nos dice que ellos sabían que tenían una mejor y perdurable herencia. El conocimiento de una futura herencia sostuvo a los creyentes en ese entonces, y debe sostenernos

ahora. Una sólida teología del cielo, nuestra morada donde se encuentra nuestra herencia, debería guardarnos mientras sufrimos. Sin un entendimiento firme de nuestro hogar eterno y seguro, es imposible alegrarnos mientras nuestras propiedades terrenales son saqueadas.

Los hebreos sabían que heredarían un reino celestial que había sido comprado con la sangre de Jesús, sangre que salva perpetuamente (He. 7:25). Encontramos una idea similar en Romanos 8:32: «El que no escatimó ni a su propio Hijo, sino que lo entregó por todos nosotros, ¿cómo no nos dará también con él todas las cosas?». ¿Qué son «todas las cosas»? Obviamente no se trata de posesiones o bendiciones terrenales, los creyentes perseguidos están siendo despojados de ellas. «Todas las cosas» es nuestra herencia eterna (Ro. 8:17), que anteriormente en la carta Pablo señala que es el mundo entero (Ro. 4:13). Si Dios estuvo dispuesto a sacrificar a Su Hijo amado, entonces podemos tener la plena confianza de que Él estará dispuesto a salvarnos en el día del juicio y darnos al mundo como nuestra herencia. Después de haber renunciado a Su Hijo por nosotros, darnos la gloria eterna es poca cosa para Él.

LA ESPERANZA DEL CIELO EN MEDIO DEL SUFRIMIENTO

En otra parte de la Escritura, el apóstol Pedro enseñó a los

primeros cristianos a encontrar esperanza en medio del sufrimiento enfocándose en la gracia pasada, presente y futura de Dios. Estos creyentes se encontraban en el exilio a causa de su fe (1 P. 1:1); fueron calumniados (2:12), sufrieron injustamente (2:19) y sufrieron por hacer el bien (2:20; 3:14, 17). Pero las realidades divinas de la gracia de Dios fortalecieron a los débiles, dieron esperanza a los que la habían perdido, alentaron a los desanimados y mantuvieron el gozo entre los que sufrían.

Dios envió a Su Hijo al mundo para que Él pudiera vivir la vida de justicia que nosotros nunca pudimos y morir la muerte que nosotros merecíamos. Por Su infinita misericordia nos salvó, aunque éramos grandes pecadores (1 P. 1:3). Qué gran misericordia que a nosotros que no merecíamos nada más que el infierno, nos concedió la vida eterna. Cuando lo odiábamos, nos amó y nos mostró Su gran misericordia.

Hemos nacido de nuevo por medio de la resurrección de Jesús de entre los muertos (1 P. 1:3). Así como Jesús resucitó de la muerte, nuestras almas muertas ahora tienen vida porque Él resucitó para vivir eternamente. Estábamos muertos, pero ahora vivimos; éramos ciegos, pero ahora vemos. Sublime gracia, ¡qué sublime gracia!

La gracia pasada aviva la esperanza del presente de nuestro futuro hogar en el cielo. Dios nos ha guardado una herencia en la gloria y *nos* está guardando para esa herencia. Ningún grado de sufrimiento puede destruir nuestra herencia. Como nos dice Pedro, es incorruptible, incontaminada e inmarcesible, reservada en los cielos *para nosotros*.

Ninguna cantidad de sufrimiento en esta vida puede aplastar la fe del verdadero creyente y alejarlo de ella.

Es por ello que, con gran pesar y lágrimas en los ojos, podemos alegrarnos incluso ahora con un gozo inexpresable. El gozo glorioso es un gozo lleno de fe, y es un gozo sufrido. Así que cualquiera que sea tu destino, que el Señor te enseñe a decir: «Nos pueden despojar de bienes y hogar; el cuerpo destruir, mas siempre ha de existir, de Dios el reino eterno».

Acerca del autor

Dieudonné Tamfu es profesor adjunto de Biblia y teología, y coordinador del sitio de extensión de Camerún para el Bethlehem College & Seminary. Él y su esposa, Dominique, viven en Yaundé, Camerún, con sus dos hijos.

Gracias a Dios por los «castillos en el aire»:

Por qué los de mentalidad celestial hacen el mayor bien terrenal

Aaron Menikoff

A los cristianos se les acusa a menudo de tener una mentalidad tan celestial que no hacen ningún bien terrenal. Hace más de 100 años, el activista Joe Hill pensaba igual. Mientras viajaba por Estados Unidos, dibujaba caricaturas y escribía canciones en defensa de los estadounidenses pobres. No soportaba a los pastores que predicaban por una conversión espiritual sin brindar un bienestar físico. En 1911, escribió las siguientes palabras:

Predicadores cabelludos salen cada noche
Tratan de decirte lo que está bien y lo que está mal
Pero cuando se le pregunta qué tal algo de comer
Responderán con voces tan dulces
Comerás en el futuro
En esa gloriosa tierra en lo alto de los cielos
Trabaja y ora, vive sobre heno,
Te recibirán en castillos en el aire cuando mueras.

Más de un siglo después, las críticas de Hill siguen teniendo fuerza. Muchos admitirán que *algunos* cristianos hacen buenas obras, señalarán hospitales con nombres de santos e incluso pueden saber algo acerca del hijo de Billy Graham que envía cajas de regalos a niños en todo el mundo. Aquellos que tienen la edad suficiente recordarán vagamente cómo Jimmy Carter construyó casas para los pobres. Pero cuando piensan en esa iglesia de su vecindario —esa con un pastor que predica sermones semanalmente, con personas que entran a reuniones de oración y niños que salen con dibujos del rey David—, cuando piensan en *esa* iglesia, probablemente sea el sentimiento de Joe Hill, si no sus palabras, lo que recuerden: «Trabaja y ora, vive sobre heno; Te recibirán en castillos en el aire cuando mueras».

¿Cómo deberíamos responder a quienes acusan a los pastores y a las iglesias de tener una mentalidad tan celestial que no hacen ningún bien te-

rrenal? Animaría a dichos críticos con los siguientes cuatro imperativos.

CONOCE LA MISIÓN DEL PASTOR

No te enojas con el cartero cuando simplemente llega a tu buzón, coloca algunas cartas y se dirige a la siguiente casa. No te ofende que ignore la maleza en el patio delantero y no logre reparar la puerta que ha estado chirriando durante años. ¡Claro que no! Sabes que ese no es su trabajo; no es su misión.

Los pastores también tienen una misión. Es comunicar el evangelio, la buena noticia de Jesucristo. El pastor es como un centinela, parado en la entrada de una ciudad, encargado de avisar a los ciudadanos cuando un ejército enemigo está listo para atacar. Cuando el centinela ve la espada, debe tocar la trompeta y advertir al pueblo (Ez. 33:1-9). Los pastores tienen una descripción de trabajo clara y sencilla. Deben pastorear y cuidar el rebaño (1 P. 5:2; Hch. 20:28). Deben guardar y proteger la sana doctrina (Ti. 1:9; Hch. 20:31). La forma fundamental en que hacen esto es predicando la Palabra y proclamando el reino (2 Ti. 4:2; Hch. 20:25). Antes que nada, el pastor debe ser un predicador fiel de la Biblia.

El predicador fiel anuncia un mensaje sencillo acerca de la muerte, resurrección y el regreso de Jesús. *El Rey Jesús regresará*, nos dice. Debemos esperar y estar listos para Su llegada. Él establecerá «cielos nuevos y tierra nueva, en los cuales mora la justicia» (2 P. 3:13). Pero solo aquellos que han puesto su fe en Cristo aquí en *esta* tierra conocerán las bendiciones de ese hogar celestial. Realmente llegará el día del juicio. Todos los que se han sometido a Cristo y perseveran hasta el final serán llevados a Su presencia gloriosa. El Rey conducirá al resto al castigo eterno (Mt. 25:46).

Los de «mentalidad celestial» saben que este mundo no es su hogar; el cielo y el infierno aguardan. Así que mi principal trabajo como pastor es preparar a mi congregación para el día del juicio. Quiero que estén listos para comparecer ante el Rey. Más que nada, deseo que aquellos bajo mi protección escuchen: «Bien, buen siervo y fiel». Esta es la razón por la que les predico la Palabra. Sí, podría dedicar más tiempo a satisfacer sus necesidades físicas. Podría colaborar más con la ayuda humanitaria en mi comunidad. Hay lugar para eso.

No obstante, estoy convencido de que el mejor trabajo que puedo hacer es asegurarme de que se predique el evangelio. Ese es mi deber *fundamental*. Es mi misión. Si el cielo y el infierno son reales, entonces es la labor más importante que podría realizar.

APRECIA LA TERRENALIDAD DE LA BIBLIA

Prepararse para el cielo puede ser el trabajo más importante del creyente, pero no es su único trabajo. La Biblia está repleta de ejemplos y mandatos sobre servir a las personas aquí y ahora. En ese sentido, hay cierta «terrenalidad» en la Biblia incluso cuando presenta el cielo como nuestra meta *final*.

Los críticos del cristianismo que están familiarizados con la parábola del buen samaritano (Lc. 10:25-27), probablemente la consideran la excepción a la regla. Puede que desconozcan la gran cantidad de pasajes del Nuevo Testamento que mandan a los cristianos a cuidar de los pobres dentro y fuera de la iglesia.

Cuando Pablo dejó Jerusalén en su misión evangelística, los apóstoles le dijeron que se acordara de los pobres. Estos hermanos habían estado con Jesús durante Su ministerio terrenal, testificado Su muerte y visto Su cuerpo resucitado. Conocían mejor que nadie las promesas del reino celestial que aguardaba a todos los que se arrepintieran y creyeran. Y aún así, cuando

Pablo los dejó para predicar el evangelio en otros lugares, le pidieron que se acordara de los pobres, probablemente los santos hambrientos en Jerusalén. Pablo obedeció con entusiasmo (Gá. 2:10).

Pablo salió para levantar a una generación de líderes cristianos que continuarían su ministerio de proclamación del evangelio. Pero este ministerio no haría que sus discípulos ignoraran las necesidades físicas. Él enseñó a Timoteo a abordar la inmoralidad y la injusticia al condenar tanto el pecado sexual como la práctica de esclavizar a otros: la trata de blancas (1 Ti. 1:10). No es de extrañar que Pablo instara a Filemón, un dueño de esclavos cristiano, a recibir a su fugitivo, Onésimo, ya no como un esclavo, sino como un hermano en Cristo (Filemón 16). Los de mentalidad celestial se preocuparán por la vida en la tierra.

Asimismo, Pedro sabía que una vida transformada por el evangelio debía marcar una diferencia en el mundo, una diferencia que podría incluso llamar la atención de los incrédulos. Exhortó a sus lectores cristianos a vivir vidas santas y a servir a su prójimo: «manteniendo buena vuestra manera de vivir entre los gentiles; para que en lo que murmuran de vosotros como de malhechores, glorifiquen a Dios en el día de la visitación, al considerar vuestras buenas obras» (1 P. 2:12). El día de la visitación es el día en el que Jesús regresará para establecer Su reino celestial.

¿Cómo nos preparamos para ese gran día? No simplemente predicando el evangelio, sino viviendo vidas amables y generosas en la tierra. Pedro solo está transmitiendo la enseñanza que recibió personalmente de Jesús: «Así alumbre vuestra luz delante de los hombres, para que vean vuestras buenas obras, y glorifiquen a vuestro Padre que está en los cielos» (Mt. 5:16).

Tal vez el mejor ejemplo de la terrenalidad del Nuevo Testamento es Gálatas 6:10. Pablo prioriza la importancia de servir a los creyentes mientras que al mismo tiempo establece el valor de cuidar a todos en todas partes. «Así que, según tengamos oportunidad, hagamos bien a todos, y mayormente a los de la familia de la fe».

Pablo, Pedro y nuestro Señor mismo no sabían nada de un cristiano que tuviera una mentalidad tan celestial que no hiciera ningún bien terrenal. ¡Todo lo contrario!

MIRA EL PASADO

Incluso una mirada superficial a la historia de la iglesia brinda numerosos ejemplos de cristianos que anhelaban el cielo mientras que al mismo tiempo trabajaban por el bienestar físico de sus prójimos. Si bien tales ejemplos no cambian el hecho de que muchos han obrado mal en nombre de Cristo, estos acontecimientos establecen un patrón de vidas centradas en el evangelio que se evidencia en cristianos amorosos, amables y con corazones de siervos.

Eusebio, el padre de la historia eclesiástica, escribe acerca de una hambruna y plaga que golpeó al Imperio romano en el siglo IV: «La muerte libró la guerra con estas dos armas de pestilencia y hambruna que se tragaron a familias enteras en pocos momentos, de modo que dos o tres cadáveres podían ser vistos llevados al cementerio por un solo grupo de dolientes». Mientras que la ciudad caía bajo el peso de esta tragedia, los cristianos se levantaron para ayudar: «Solos en medio de esta terrible calamidad demostraron a través de obras visibles su simpatía y humanidad… [ellos] reunieron a la gran cantidad de personas que habían sido reducidas a espantapájaros por toda la ciudad y repartieron panes a todos, de modo que sus alabanzas se cantaran en todos lados».[1]

El profesor de Oxford, Henry Chadwick, resumió la destacable ética social de la iglesia primitiva: «La caridad social se manifestó en el cuidado a los pobres, las viudas y los huérfanos, en las visitas a los hermanos en prisión o condenados a la muerte en vida por el trabajo en las minas, y en la acción social en tiempos de calamidad como hambrunas, terremotos, pestilencia o guerra».[2] Fueron los cristianos los que criticaron la esclavitud y llamaron a la emancipación una «buena obra».[3]

Ejemplos de benevolencia se pueden encontrar a lo largo de los años. En 1792, el pastor bautista inglés, Abraham Booth, llamó a los miembros de su iglesia a luchar contra la trata de esclavos que ocupaba a los británicos desde mediados del siglo XVI.[4] Algunos años más tarde, en las calles de Savannah, Georgia, mucho antes de que el gobierno se involucrara en la ayuda humanitaria, una iglesia bautista ideó «un plan permanente para ayudar a los pobres». Un hombre se había muerto de hambre recientemente en el mercado público y los cristianos de esta iglesia decidieron organizar tal ayuda.[5]

Honestamente, esta es la historia del cristianismo. Son los que tienen una mentalidad más celestial los que hacen el mayor bien terrenal. Busca esas organizaciones de ayuda humanitaria en tu comunidad dedicada a servir a los refugiados, a responder ante huracanes, incendios o terremotos; busca a las organizaciones sin fines de lucro que luchan contra la trata de blancas y enseñan inglés como segunda segundo idioma. Te puedo asegurar que encontrarás a cristia-

1 Eusebius, *The History of the Church* [*La historia de la iglesia*], trans., G. A. Williamson (London: Penguin Books, 1965), 291. En otras ediciones véase IX. viii.

2 Henry Chadwick, *The Early Church* [*La iglesia primitiva*] (Londres: Penguin Books, 1967), 56.

3 Ibid., 60.

4 Véase Aaron Menikoff, "The Cross and Social Reform" [«La cruz y la reforma social»] en *The First Counsellor of Our Denomination* [*El primer consejero de nuestra denominación*], eds. Michael y Victoria Haykin (Springfield, MO: Particular Baptist Press, 2011).

5 Véase Aaron Menikoff, *Politics and Piety: Baptist Social Reform in America, 1770–1860* [*Política y piedad: reforma social bautista en Estados Unidos, 1770-1860*] (Eugene, Or.: Pickwick, 2014), 138.

nos que donan su dinero, tiempo y experticia para hacer de este mundo un lugar mejor.

ANHELA EL CIELO

Mientras más envejezco, más anhelo el cielo. Como pastor, tengo un asiento en primera fila ante la agonía de un mundo atormentado por el pecado y la muerte. ¿Qué cristiano en su sano juicio no puede esperar el día en que se cumpla Apocalipsis 21:4? «Enjugará Dios toda lágrima de los ojos de ellos; y ya no habrá muerte, ni habrá más llanto, ni clamor, ni dolor; porque las primeras cosas pasaron». Sí, estoy impaciente por el regreso de mi Rey. «Ven, Señor Jesús» (Ap. 22:20). No puedo esperar por llegar a ese «castillo en el aire».

Pero este anhelo no me tienta a acurrucarme en el sofá, cubrir mis ojos y simplemente esperar que este terrible mundo desaparezca. Esta tampoco ha sido la reacción de los cristianos que han vivido antes que yo. Debido a que tomamos en serio la Biblia, confiamos en que el regreso de Jesús es un llamado a la acción. Un día nuestro cosmos será transformado en cielos nuevos y una nueva tierra. Hasta entonces, debemos obedecer el llamado de Pedro a «andar en santa y piadosa manera de vivir, esperando y apresurándoos para la venida del día de Dios» (2 P. 3:11-12).

¿Cómo son esa santidad y esa piedad? Predicar el evangelio. Amar a mi prójimo. Recordar a los pobres. Hacer el bien a todos. Este no solo es nuestro llamado, es nuestro privilegio. No es simplemente nuestro deber, es nuestro gozo. La verdadera fe en que el cielo es real no reprime nuestra preocupación por el bienestar físico de los demás, sino que la agudiza. Que Dios llene nuestras iglesias con creyentes que anhelan el regreso del Rey y el establecimiento de los cielos nuevos y la tierra nueva.

¡Gracias a Dios por los castillos en el aire!

Acerca del autor

Aaron Menikoff es el pastor principal de Mt. Vernon Baptist Church en Sandy Springs, Georgia.

Las otros gozos cristocéntricos del cielo:

Una visión general de la vida cristiana después de la muerte

Jared C. Wilson

«Sé que está ahí colocando tejas con Jesús».

Retrocedí internamente ante esa declaración. Me encontraba predicando en el funeral de un amigo en nuestro pequeño pueblo, un techador muy conocido y respetado desde hace mucho tiempo, y un amigo suyo estaba seguro que la vocación del hombre continuaba en el más allá. No estaba tan seguro en ese momento, principalmente porque tenía dudas sobre si nuestras mansiones en el paraíso realmente necesitarían algún tipo de mantenimiento. Pero también me inquietó la aparente escasa visión del cielo que pensé que evocaba tal declaración. El objetivo del cielo no es poder hacer todas las cosas que hacemos en la tierra; el objetivo del cielo es finalmente ver y disfrutar a Jesús en persona. Estar cara a cara con el Señor es la alegría excepcional de la vida eterna (1 Co. 13:12), ¿cierto?

Confieso que mi desdén interno por este pensamiento se debió en gran parte a la avalancha de libros de «visitación celestial» de los últimos veinte años. Ya los conoces. Alguien afirma haber muerto e ido al cielo, solo para regresar y contar su historia. Hombres adultos ven ángeles fantasmales; niños se reúnen con sus abuelos que han fallecido. Aparte de las nociones espurias de esas afirmaciones turísticas celestiales —al menos uno se ha retractado de su historia—, una de sus principales (y casi heréticas) fallas es que empujan a Cristo fuera del perímetro del mismísimo lugar del cual Él es el centro (Ap. 21:23). Jesús se vuelve algo secundario, una «característica» del cielo, en lugar de la estrella. Mi aversión al cielo como patio de recreo personal se basa enteramente en esta verdad bíblica: el Cristo que resucitó y ascendió es el *punto* mismo del cielo, y cualquier lugar que tuviera todas las alegrías de la tierra incluidas, *pero no a Jesús*, no sería el cielo en absoluto.

Y, sin embargo, ¿es posible que algunos de nosotros tenga-mos una opinión demasiado radical al respecto? ¿Qué pasa si, en nuestra correcta aversión a una eternidad sin Cristo, hayamos subestimado las muchas dichas que vienen con su consumación del reino? La Biblia, de hecho, ofrece la promesa de numerosas alegrías en la era venidera. Pablo escribe: «El que no escatimó ni a su propio Hijo, sino que lo entregó por todos nosotros, ¿cómo no nos dará también con él todas las cosas?» (Ro. 8:32). «Todas las cosas las sujetó debajo de sus pies» (1 Co. 15:27). La cabeza de «todas las cosas» se le da a la iglesia (Ef. 1:22). Por supuesto, esto hace surgir la siguiente pregunta: ¿Qué significan todas las cosas?

Sí, y amén. Entonces, ¿cuáles son algunas de esas «cosas» que quienes están unidos a Cristo disfrutarán bajo Su total señorío?

UN CUERPO RESUCITADO

Para comenzar, muchos cristianos piensan en la vida eterna

como una dicha incorpórea en un paraíso etéreo. De hecho, solo podemos ver destellos del estado intermedio en las Escrituras. Sabemos que «estar ausentes del cuerpo, [es estar] presentes al Señor» (2 Co. 5:8). Es la pura verdad que cuando un cristiano muere, va al cielo. ¡Pero la principal visión que la Biblia presenta del cielo no es una especie de éter angelical del espacio exterior, un lugar al que vamos, sino un lugar tangible y visceral *que nos llega*! La visión de Juan es de «un cielo nuevo *y* una tierra nueva» (Ap. 21:1).

Esto significa que no seremos espíritus en las nubes para siempre, sino criaturas resucitadas en una creación restaurada. Esto es exactamente de lo que habla Pablo en 1 Corintios 15, cuando describe la resurrección corporal de Cristo como las primicias de la nuestra (v. 23) Él escribe: «Porque es necesario que esto corruptible se vista de incorrupción, y esto mortal se vista de inmortalidad» (v. 53).

La resurrección corporal de Cristo nos da una pista de cómo será la nuestra. Seguiremos siendo nosotros, claro, pero seremos transformados (v. 51). Recuerda: el cuerpo glorificado de Cristo era reconocible y al mismo tiempo irreconocible. Podía ser visto y tocado, pero también podía atravesar puertas cerradas. ¡Podía desayunar!

La esperanza de Job debería ser la nuestra: «Y después de deshecha esta mi piel, En mi carne he de ver a Dios»

(Job 19:26). Una de las grandes alegrías del cielo será finalmente habitar nuestros cuerpos tal como fueron hechos para ser: tangibles; fuertes (¡incluso inmortales!); perfectamente capaces de caminar, comer, bailar, reír y, por supuesto, adorar eternamente al Cordero inmolado, para no morir nunca más (¡él o nosotros!).

UNA CREACIÓN RESTAURADA

Muchos creyentes tienden a pensar que este mundo se está deteriorando rápidamente. Y en cierto modo, supongo que es cierto. Este mundo realmente está acabando. «Los cielos y la tierra que existen ahora, están reservados por la misma palabra, guardados para el fuego» (2 P. 3:7). «Pero nosotros esperamos, según Sus promesas, cielos nuevos y tierra nueva, en los cuales mora la justicia» (2 P. 3:13). Esta también es la esperanza de Job: «Yo sé que mi Redentor vive, y al fin se levantará sobre el polvo» (Job 19:25).

Cuando Pablo describe el gemido de la creación actual, utiliza la expresión «dolores de parto» (Ro. 8:22). ¿Por qué? Porque está dando paso a algo. No solo al regreso de una especie de estado edénico, sino a algo mucho mejor: una creación renovada con Cristo como la característica preeminente. Jesús dijo: «yo hago nuevas todas las cosas» (Ap. 21:5), no «yo hago todas las cosas nuevas».

Podemos, pues, esperar que los cielos nuevos y la tierra nueva tengan algo de continuidad con nuestra tierra, solo que exactamente como Dios la creó al principio. ¿Puedes imaginar la nueva y restaurada belleza de un monte Everest, escalable sin ningún peligro para cualquier alma resucitada? ¿Qué hay de un Amazonas redimido, donde cualquiera de nosotros pueda explorar sin temor? Considera la belleza ahora de las Montañas Rocosas, cualquiera de nuestros vastos océanos, los Alpes suizos, ¡literalmente todo!, ¿cómo se verá bajo la lámpara de la gloria manifiesta de Cristo (Ha. 2:14)?

Si todas las cosas serán hechas nuevas, ¿podemos imaginarnos cómo será el sabor del chocolate y del café? ¿Cómo olerán las flores? ¿Cómo será vivir en perfecta armonía con el resto de la creación, animales, clima, y todo lo demás?

¡Qué dicha será al fin ver, oír, tocar y probar las cosas como Dios quiso que verdaderamente fueran desde siempre! Tal vez podamos continuar con nuestras vocaciones, incluida la de techador. Pero quizá la alegría más grande, bajo el gozo infinito de ver y disfrutar a Cristo, será finalmente disfrutar la comunión perfecta con la iglesia que Él compró con Su sangre.

UNA FAMILIA REUNIDA

No hay nada intrínsecamente malo con desear ver en la era venidera a los santos que han partido, ya que por algo Jesús ha formado un pueblo para Sí a través de Su propia obra reconciliadora en la cruz y la tumba vacía. Quizás, esta fue la esperanza de David cuando murió su hijo (2 S. 2:23). Ciertamente, nos reuniremos con nuestros seres queridos fallecidos, siempre que ellos también conozcan a Jesús como Señor.

Como todas las personas que conozco, mi esposa y yo hemos perdido a varios seres queridos, algunos de los cuales consideramos que los perdimos «demasiado pronto». Para nosotros, esto incluye a una hija que perdimos por aborto. Llamamos a nuestra bebé Angela, no porque creamos que los seres humanos se convierten en ángeles en el cielo, sino simplemente como recordatorio de que ella es totalmente propiedad del cielo al morir, y que nuestra esperanza y expectativa es que la volveremos a ver. Ni Angela ni los ángeles serán el gozo central del cielo, pero ciertamente serán parte del disfrute que Dios desea para Él, al igual que la gran reunión con toda la nube de testigos (He. 12:1) que nos ha precedido.

Si nuestros seres queridos conocieron a Jesús, podemos tener la confianza de que nos reuniremos con ellos en la era venidera. Nuestras relaciones cambiarán, por supuesto, observa que aunque Jesús dice que no hay matrimonios en el cielo (Mt. 22:30), no dice que nuestros cónyuges difuntos nos serán desconocidos. Disfrutaremos las relaciones.

Solo imagina: relaciones con nuestros familiares creyentes, con todos los hermanos de la iglesia de Cristo, personas de toda lengua, pueblo y nación, finalmente santificados, sin pecado, sin tentaciones ni sospechas, envida u orgullo. Final y verdaderamente conoceremos y seremos conocidos. Juntos experimentaremos la familia como siempre debió ser. Todo bajo el reinado radiante de nuestro Señor Jesús.

Acerca del autor

Jared C. Wilson es pastor asociado de Pastoral Ministry en Spurgeon College, autor residente en Midwestern Baptist Theological Seminary y director del Pastoral Training Center en Liberty Baptist Church, todo en Kansas City, Missouri. Es el autor de casi veinte libros, incluido *The Gospel-Driven Church* [*La iglesia motivada por el evangelio*].

Dios no puede esperar que llegues al cielo:

Una reflexión sobre Efesios 2:7

Dane Ortlund

En un sermón durante los últimos años de su vida, Jonathan Edwards predicó:

La creación del mundo parece haber sido especialmente con este fin: que el eterno Hijo de Dios pudiera obtener una esposa, hacia quien pudiera dirigir la infinita benevolencia de Su naturaleza, y hacia quien pudiera, por así decirlo, abrir y derramar toda esa inmensa fuente de condescendencia, amor y gracia que estaba en Su corazón, y para que de esa forma Dios sea glorificado.

Impresionante: Dios hizo el mudo, según Jonathan Edwards, para que el corazón de Su Hijo tuviera un escape. No usamos palabras como «benevolencia» en la actualidad, esta hace referencia a la disposición de ser amable y bueno, un espiral de compasión agazapado listo para saltar. Imagina un río de represas, contenido, atiborrado, listo para estallar, así es la bondad en el corazón de Cristo. Él es infinitamente benevolente y la historia humana es Su oportunidad para «abrir y derramar toda esa inmensa fuente de condescendencia, amor y gracia». La creación del mundo y la ruinosa caída en el pecado que requería una obra regeneradora, desataron el corazón de Cristo. Y la inundación del corazón de Cristo es la manera en que la gloria de Dios surge más y más brillante que nunca.

La creación del mundo fue para dar rienda suelta al corazón misericordioso de Cristo. Y el gozo del cielo es que disfrutaremos para siempre de ese corazón ilimitado y puro.

¿Pero es esto bíblico? Sin lugar a dudas, de acuerdo con Efesios 2. Luego de describir nuestra desesperanzada condición y la rica misericordia de Dios al rescatarnos, se nos dice el gran propósito de nuestra liberación: «para mostrar en los siglos venideros las abundantes riquezas de su gracia en su bondad para con nosotros en Cristo Jesús» (Ef. 2:7).

¿Qué significa un texto tan impresionante como ese para nuestras vidas en tiempo real, mientras pecamos y sufrimos de camino en este árido mundo, buscando el cielo?

Significa que, un día, Dios nos guiará a través del ropero hasta Narnia, y estaremos allí, paralizados de gozo, admiración, asombro, alivio.

Significa que cuando estemos allí, nunca seremos reprendidos por los pecados de esta vida. Nunca seremos vistos con recelo. Nunca escucharemos: Disfruta esto, pero recuerda que no te lo mereces. El verdadero objetivo del cielo y la eternidad es disfrutar de «su gracia en su bondad». Y si el objetivo del cielo es mostrar las inconmensurables riquezas de su gracia en la bondad, entonces estamos a salvo, porque lo único que tememos que puede impedirnos entrar, nuestro pecado, solo puede aumentar el espectáculo de la gracia y la bondad de Dios.

Significa que nuestra naturaleza caída ya no es un obstáculo para disfrutar del cielo. Es el ingrediente clave para disfrutar del cielo. Cualquier desastre que hayamos hecho con nuestra vida, es parte de nuestra gloria, calma y resplandor final. Eso que hicimos que causó que nuestra vida se derrumbara, ahí es donde Dios en Cristo se vuelve más real que nunca, en esta vida, y más maravilloso para nosotros, en la próxima. (Y aquellos de nosotros que hemos sido bastante «intachables», llegaremos allí un día y nos daremos cuenta más que nunca de cuán profundamente el pecado, el farisaísmo, el orgullo y todo tipo de rebeliones subconscientes deliberadas estaban muy dentro de nosotros, y que todo eso envía la gracia de Dios en bondad y nosotros también quedaremos asombrados de cuán grande es Su corazón para con nosotros).

Si Su gracia en Su bondad es «abundante», entonces nuestros fracasos nunca podrán superar Su gracia. Nuestros momentos de sentirnos completamente abrumados por la vida es donde vive el corazón de Dios. Nuestros focos de fracasos y arrepentimientos más atormentados son donde Su corazón se siente atraído con más firmeza.

Si Su gracia en Su bondad es «abundantes riquezas», en oposición a la gracia medible de la clase media, entonces nuestros pecados nunca pueden agotar Su corazón. Por el contrario, cuanta más debilidad y fracaso, más se compadece de los Suyos.

El texto no solo dice «las abundantes riquezas de su gracia», sino «las abundantes riquezas de su gracia en su bondad». Al hablar acerca de la «bondad» en Efesios 2:7, Thomas Goodwin comenta: «La palabra aquí implica toda dulzura, toda franqueza, toda amabilidad, toda cordialidad y toda benevolencia, y con todo Su corazón».

Su gracia en Su bondad es «para con nosotros». Podrías traducir esto «a nosotros» o incluso «sobre nosotros» o «en nosotros». Es personal. No es abstracta. Su corazón, Sus pensamientos, ahora y en la eternidad, son para con nosotros. Su gracia no es una masa amorfa en la que tenemos que averiguar cómo entrar. Él nos envía Su gracia, personalmente, individualmente, eternamente. De hecho, se envía a Sí mismo, no existe tal «cosa» como la gracia (recordando que esta es la enseñanza católica romana). Él no envía Su gracia de manera abstracta, sino que envía a Cristo mismo. Es por eso que Pablo agrega inmediatamente «en Cristo Jesús».

Hablando de «en Cristo Jesús», ¿comprendes lo que ocurre contigo si estás en Cristo? A los que están unidos a Él, se les promete que el perturbador quebrantamiento que lo infecta todo (cada relación, cada conversación, cada familia, cada correo electrónico, cada despertar a la conciencia por la mañana, cada trabajo, cada vacación, todo), algún día será rebobinado y revertido. Cuanta más oscuridad y dolor experimentemos en esta vida, más resplandor y alivio experimentaremos en la siguiente. Como dice un personaje en *El gran divorcio* de C. S. Lewis, que refleja la enseñanza bíblica: «Eso es lo que no entienden los mortales. Hablan de un dolor temporal que "ninguna bendición futura podría equilibrarlo", sin saber que el cielo, una vez alcanzado, retrocederá y convertirá incluso esa agonía en una gloria». Si estás en Cristo, has sido hecho eternamente invencible. Este pasaje habla de Dios dando vida a los muertos, no asistiendo a los heridos. ¿Y cómo nos da vida? «Él ama la vida en nosotros», escribió Owen. Su poder de resurrección que fluye a los cadáveres es el amor mismo.

Efesios 2:7 dice que tu muerte no es el final sino el comienzo. No es un muro, sino una puerta. No es una salida, sino una entrada.

El objetivo de toda la historia humana y de la eternidad misma es mostrar lo que no se puede mostrar completamente. Demostrar lo que no se puede demostrar adecuadamente. En la era venidera descenderemos cada vez más profundamente a la gracia de Dios en bondad, a Su mismo corazón, y cuanto más lo entendamos, más veremos que está más allá de la comprensión. Es inconmensurable.

Para quienes no están en Cristo, esta vida es la mejor que llegarán a tener. Para quienes están en Cristo, esta vida es la peor que jamás habrán tenido.

Acerca del autor

Dane Ortlund es director de publicaciones y editor de la Biblia en Crossway en Wheaton, Illinois, donde vive con su esposa, Stacey, y sus cinco hijos. Es autor de varios libros, el más reciente *Gentle and Lowly: The Heart of Christ for Sinners and Sufferers* [*Manso y humilde: El corazón de Cristo para los pecadores y heridos*].

Nota del editor

Adaptado de *Gentle and Lowly: The Heart of Christ for Sinner and Sufferers* [*Manso y humilde: El corazón de Cristo para los pecadores y heridos*] de Dane Ortlund, © 2020. Usado con permiso de Crossway, ministerio de publicaciones de Good News Publishers, Wheaton, IL 60187, www.crossway.org.

Los himnos en la vida de una mujer

Drew Bratcher

Entre las primeras canciones que recuerdo haber escuchado están los himnos que cantaba mi bisabuela: "I'll Fly Away" [«Yo volaré»], "Do Lord" [«Hazlo, Señor»], "I Am Bound for the Promised Land" [«Estando a orillas del Jordán»]. Sin duda había escuchado otros himnos antes que estos, y otros con mayor frecuencia, pero hasta el día de hoy cuando pienso en los himnos, es a mi bisabuela a quien recuerdo.

Su nombre era Elmay (que se pronuncia «Elmy»). Vivía en un área remota de West Virginia, en un terreno propiedad de la empresa para la que mi bisabuelo excavaba carbón. Los veíamos dos veces, tal vez tres, al año, una vez en su casa para el Día de Acción de Gracias y al menos una vez en casa de mis abuelos en Nashville, que visitaban durante un par de semanas cada verano.

Yo era el primero de la cuarta generación de la familia y, al ser el mayor por varios años, pasé mucho tiempo con mi bisabuela, en gran parte solos. Me agradaba. Era bastante bajita y sospecho que su altura tenía mucho que ver con mi cariño por ella. Los adultos eran altos, lo que suponía distantes, pero desde una temprana edad, ella y yo nos alcanzábamos en estatura.

Sus ojos azules eran grandes y borrosos detrás de unos gruesos bifocales. Su cabello, una vez rubio, se había desvanecido en un blanco ahumado. Era la mujer más vieja que conocía, la persona más anciana viva hasta donde yo sabía, pero, en retrospectiva, no era tan mayor. Tuvo a sus hijos joven, y ellos tuvieron a sus hijos jóvenes, y esos hijos, los primeros en la familia en ir a la universidad (mi madre entre ellos), los primeros en no poner ni una sola vez un pie en una mina de carbón, también tuvieron hijos. Como resultado, se convirtió en bisabuela cuando todavía estaba en la octava década.

La mayoría de las veces se sentaba en una silla, lo que no quiere decir que haya sido inactiva. Mientras los hombres cazaban ardillas o se quedaban alrededor de las puertas traseras de la casa contando historias, ella descascaba maíz, pelaba papas, limpiaba frijoles y cosía edredones. Mientras trabajaba, entre charlas acerca del clima y lo que yo quería ser de grande, ella cantaba himnos.

En particular, cantaba himnos acerca del cielo. «Yo volaré, oh gloria». «Hay un mundo feliz más allá». «Y cuando en Sion, por siglos mil, brillando esté cual sol». Su voz era apacible. Con acento montañés, dulce a pesar de todos sus extraños diptongos, hablaba más de lo que cantaba las palabras. Las tenía memorizadas. A veces parecían casi tan naturales, tan necesarias, como respirar.

Llenos de mares de cristal, costas doradas y mansiones que eclipsaban al sol, me sorprendió incluso de niño, que sus himnos describían lugares que le eran desconocidos. Ella era oriunda de los Apalaches, de colinas y valles, arroyos y cuevas. El mar más cercano estaba a más de 600 km de distancia. El cielo era solo una brecha entre dos montañas. Incluso en verano, había poco sol.

Al igual que la tierra, conocía bien las sombras. Había escuchado las historias. Cómo todas las mañanas enviaba a su esposo a la oscuridad de la montaña. Cómo cada segundo de cada día trataba de no escuchar la campana, cuyo sonido significaba que había sucedido lo peor, un colapso en el túnel, una explosión en un pozo. Por la noche, llenaba una tina de madera con agua de pozo que había calentado al fuego. Desde el cabello hasta la cara, el cuello y los brazos de mi bisabuelo, ella lavaba y enjuagaba el polvo de carbón rancio que nunca se desvanecía por completo.

Ella criaba abejas y gallinas, cuidaba los jardines en las laderas, tenía un buen corazón. Era una cuestión de supervivencia. Mi abuelo era el mayor de seis: cinco hijos y una hija. Cuando el clima o la economía cerraban la mina y los mineros viajaban al norte para buscar trabajo en las fábricas, la familia de mi abuela (sus futuros suegros) dejaba sobras cerca de la casa de forma anónima, porque les preocupaba que los niños pudieran morir de hambre.

¿Qué significaban los himnos para mi bisabuela? ¿Cómo encajaron en su dura vida? ¿Fue la nostalgia la que hizo que los atesorara en su memoria? ¿Cantarlos era solo una de las muchas formas inconscientes de pasar el tiempo?

En su ensayo, «Los himnos en la vida del hombre», el escritor británico D. H. Lawrence confiesa un amor eterno por los cánticos de iglesia. «Me importan casi más que la mejor poesía» —escribe Lawrence— «y tienen para mí un valor más permanente, de una manera u otra». Para Lawrence, hijo de un minero que creció asistiendo a una iglesia congregacionalista, pero que ya no se considera creyente, el poder que los himnos seguían ejerciendo sobre él era una fuente de sorpresa, incluso de entretenimiento.

Al final, no es su capacidad para inspirar, y mucho menos su importancia espiritual, lo que hace que los himnos sean imborrables para Lawrence. Es su capacidad para generar lo que él llama «asombro». La simple apariencia y el sonido de ciertas palabras y frases del himnario —«sol de mi alma», «lago de Galilea», «belleza de santidad»—, llenan a Lawrence con una sensación de asombro distraído. «No sé cuál es exactamente "la belleza de la santidad"» —escribe— «pero si no piensas en ello (¿y por qué deberías hacerlo?), tiene algo mágico».

No puedo decirlo con certeza, pero para mi bisabuela, creo que sucedía lo contrario. No era principalmente la estética, el sentimentalismo o el asombro en sí lo que hacía que los himnos acerca del cielo fueran tan queridos para ella. Era la esperanza que articulaban, el futuro que describían. Era su promesa de una vida mejor que la que ella merecía o había soportado. Era su garantía de un juicio final y de un descanso eterno, uno que ella creía que le esperaba —como le espera a todos los que han depositado su confianza en Cristo—, como lo expresó uno de sus himnos favoritos, en «la orilla más lejana».

El verano que cumplí ocho años, mi familia viajó a Florida. Alquilamos una camioneta de pasajeros y condujimos desde Tennessee. Era algo importante porque mis bisabuelos viajaron con nosotros. Era la primera vez que veían el océano.

A la mañana siguiente de nuestra llegada, mi bisabuela me llevó a dar un paseo por la playa, y si cierro los ojos, todavía puedo imaginarla.

Está descalza en la arena. Sus pantalones están enrollados. Sus pesados brazos cuelgan a su lado. El viento choca contra su cabello blanco. A través de sus gafas, gruesas como siempre, observa la inmensidad, el agua, el cielo, todo ese azul.

No cantó, se quedó en silencio. Era como si allí, en el borde de la tierra, cerca del final de su vida, hubiera entrado en los himnos que había llevado consigo, sintonizando su corazón con ellos todo el tiempo y enfocando su fe, que en ese momento parecía muy cerca de la vista.

Acerca del autor

Drew Bratcher es profesor adjunto de inglés en Wheaton College.

Foro: Perspectivas de la iglesia perseguida acerca del cielo

Le hicimos a varios pastores situados en contextos de gran persecución, ya sea en su ubicación o cerca, la siguiente pregunta:

«¿Cómo has animado a los cristianos que experimentan una gran persecución con la esperanza del cielo?».

◇◇◇◇◇◇◇◇◇◇◇◇◇◇◇◇◇◇◇

John Folmar, pastor en los Emiratos Árabes Unidos

En Nizamabad, India, los campesinos se reúnen regularmente para discutir las noticias del día o responder a las dificultades que enfrenta la comunidad. Cuando enfrentan un problema, como cuando el precio de la cúrcuma baja demasiado o cuando las cabras no dan suficiente leche, los campesinos sacrifican animales para calmar a los dioses hindúes.

Isaac es de Nizamabad, pero se ha convertido en seguidor de Cristo. Recientemente, de regreso en su aldea natal, le explicó a sus compañeros campesinos que solo adoraba al único Dios verdadero y que ya no ofrecía sacrificios a otros dioses. Ellos insistían en que su nueva religión estaba bien, pero todavía tenía que unírseles para ofrecer sacrificios porque *todos* enfrentaban el mismo problema.

Cuando Isaac se negó, respondieron colgando un animal muerto frente a su casa, expresando su descontento e intolerancia. Isaac ya no encajaba. Su aldea ya no lo consideraba uno de ellos. Ya no estaba en casa.

Lo mismo sucedió con Abraham. Era un exiliado, un forastero que se mudaba de aquí para allá por todo Canaán, sin duda mal entendido, sospechoso. Pero Abraham siguió confiando en Dios: «porque esperaba la ciudad que tiene fundamentos, cuyo arquitecto y constructor es Dios» (He. 11:10).

Una tienda no tiene fundamentos. Una tienda demuestra que todavía no has llegado, que pronto tendrás que recoger todo y seguir adelante. Una *ciudad*, por otro lado, es permanente, asentada, estable. Con columnas y fundamentos. Pero esta ciudad es diferente, su arquitecto y constructor… es Dios. Esto describe la esperanza futura de un gozo incalculable e inimaginable, la vida eterna en la presencia de Dios: una «mejor ciudad» (He. 11:16), un lugar tan maravilloso, que la Escritura solo puede describirlo con imágenes e ilustraciones.

Lo que hace que la ciudad sea tan grandiosa es quien vive allí. Dios mismo está directa e inmediatamente con Su pueblo. La fe da paso a la vista. El gozo se apodera de cualquier sufrimiento o dolor.

Esta ciudad es donde pertenecemos, si hemos depositado nuestra fe en Jesucristo, si hemos sido limpiados con Su sangre derramada. Es nuestro hogar. «Bienaventurados los que lavan sus ropas, para… *entrar por las puertas en la ciudad*» (Ap. 22:14). Amigos, para sobrevivir en un mundo hostil, para soportar la incomodidad y la incertidumbre, abre tus ojos al mejor país, la ciudad celestial. Al igual que Abraham, pon tu esperanza completamente en esas promesas.

La ciudad en la que vivo, Dubái, dice: «Compra ahora, paga después. Encuentra tu satisfacción aquí, sin importar qué, y no pienses en la eternidad». Creo que este mensaje es más o menos universal. Así que, pregunto: ¿Te ha funcionado? ¿Te ha satisfecho el mundo? ¿O has comenzado a ver la vanidad de este mundo? ¿El vacío insatisfactorio? ¿Empiezas a sentirte instalado aquí, como en casa en este mundo?

Jonathan Edwards escribió: «Si pasamos nuestra vida en la búsqueda de riquezas o placeres carnales; el honor y la estima de los hombres; deleitarnos en nuestros hijos y la perspectiva de verlos bien educados y asentados, todas estas cosas serán de poca importancia para nosotros. La muerte hará volar todas nuestras esperanzas y pondrá fin a todos nuestros deleites».[1]

Cuando te quedes en silencio en la tumba, ¿de qué te servirán entonces todos tus deleites mundanos? Pero la vida de fe dice: invierte ahora, incluso sufre ahora y recibe la entrada a la ciudad, donde Dios vive con nosotros. Este debe ser nuestro principal y mejor deseo. Edwards escribe: «Debemos ante todo desear la felicidad celestial; estar con Dios y vivir con Jesucristo. Aunque estemos rodeados de placeres externos y asentados en familias

---

1 Edwards, *Works* [*Obras*] 2:244, 243.

con amigos y parientes deseables; *no debemos descansar en estas cosas como nuestra porción*».

En otras palabras: «Buscad primeramente el reino de Dios».

Permíteme preguntarte: ¿Piensas a menudo en el final de tu recorrido? ¿Has considerado que tu vida está próxima a terminar? ¿Está el cielo en tus pensamientos constantemente? ¿O estás atrapado en la vida diaria y las dificultades de tu localidad?

Nuevamente cito a Edwards: «*Esfuérzate* por que tu corazón esté tan empapado del cielo y de los deleites celestiales, para que puedas regocijarte cuando Dios te llame a dejar a tus mejores amigos y comodidades terrenales por el cielo, para disfrutar de Dios y de Cristo».

◇◇◇◇◇◇◇◇◇◇◇◇◇◇◇◇◇◇◇◇

Mack Stiles, antiguo pastor en Irak

En Dubái, un nuevo convertido sudanés me dijo que su padre lo ejecutaría cuando descubriera su nueva fe, pero su consuelo estaba en saber que Jesús había prometido estar con él siempre.

Un amigo cristiano árabe asesinó a un prisionero indefenso durante la guerra en Irak; su gran consuelo fue conocer el perdón de Dios.

Un colega iraní en el ministerio, encarcelado por su fe, estaba tan lleno del poder del Espíritu Santo que durante su interrogatorio, temió que su torturador *se*

fuera, así de agradable era la presencia de Dios.

Un anciano de Eritrea fue arrestado por entonar cánticos cristianos el día de su boda; su consuelo en la cárcel venía de la comunión con otros creyentes.

Una creyente kurdo, con su hija de un año sobre su regazo, me explicó por qué su familia la repudiaría después de su bautismo. Ella se consolaba al saber que «Jesús es digno».

Las promesas de la presencia de Cristo, el perdón de Dios, el poder del Espíritu Santo, la comunión con los creyentes, el valor de Jesús—todas ellas brindan consuelo.

Pero la esperanza del cielo demostrada entre el oprimido pueblo Ixil de Guatemala, me enseñó más acerca del consuelo de Dios que cualquiera de las experiencias anteriores.

El genocidio guatemalteco en los años 80 y 90 no perdonó a la joven iglesia Ixil. La crueldad de esos años resulta difícil de describir o incluso imaginar, pero he orado en una cueva donde los ancianos de una iglesia fueron acorralados y luego masacrados. He orado en la roca sobre la cual un pastor fue decapitado por negarse a dejar de predicar en su iglesia. Y, sin embargo, fue en esos lugares oscuros donde vi el mayor estimulo de la esperanza del cielo.

Vivíamos y trabajábamos en una clínica de desnutrición y en un orfanato en Nebaj. Los huérfanos eran comunes en Guatemala debido al asesinato de tantos padres. Durante la semana, viajábamos a las aldeas vecinas a pie para predicar el evangelio.

En una pequeña aldea, descargamos el generador de los burros y pusimos en marcha el espectáculo para todos los que vendrían. El edificio de la iglesia era una choza con pisos de tierra, encajados con tablones sobre bloques de cemento como bancas. Les mostrábamos varios videos, algunos contextualizados ricamente y en el idioma nativo de los Ixil. Pero el video que pedían, una y otra vez, era una pobre recreación de Lázaro y el hombre rico. La imagen borrosa y los actores estadounidenses de hockey, que se hicieron audibles por un doblaje en español fuera de lugar, no los disuadían. Cuando les preguntamos qué les gustaba de la película, decían que Lázaro era ellos. Era pobre, oprimido, enfermo y humillado, ¡como ellos! Pero su nombre era conocido. Era amado por Dios en los cielos, sostenido por Jesús.

Cuando la soga está en el cuello y ya no hay esperanza en tu mundo, la esperanza del cielo es un tesoro dulce y reconfortante.

◇◇◇◇◇◇◇◇◇◇◇◇◇◇◇◇◇◇◇

DSD, pastor en Asia Oriental

El día de las madres en 2019 fue un día que jamás olvidaré. Nos reunimos como iglesia en el anodino salón de baile de nuestro hotel en el centro de la ciudad, tal como lo habíamos he-cho durante los últimos meses. Pero este no era un domingo cualquiera. Estábamos a punto de ser probados como iglesia como nunca antes.

Mientras uno de nuestros pastores se levantó y comenzó a predicar sobre Mateo 20, funcionarios policiales uniformados interrumpieron el servicio, para intentar clausurarnos. No estaban allí para asegurarse de que estuviéramos cumpliendo con las regulaciones de la comunidad. Querían intimidarnos y silenciarnos.

Después de ese día, nuestra iglesia se dispersó. No podíamos reunirnos como un solo cuerpo en el mismo lugar. Ese día, pasamos a formar parte de las iglesias perseguidas. En reiteradas ocasiones, la Escritura dice que ser cristiano implica ser perseguido. Como iglesia dispersa, reflexionamos mucho sobre los acontecimientos registrados en Hechos 8: «Y Saulo consentía en su muerte. En aquel día hubo una gran persecución contra la iglesia que estaba en Jerusalén; y todos fueron esparcidos por las tierras de Judea y de Samaria, salvo los apóstoles». Pero lo que me impactó fue el versículo 4: «Pero los que fueron esparcidos iban por todas partes anunciando el evangelio».

Aquellos que fueron esparcidos no se escondieron. No construyeron comunas de seguridad. Ciertamente, se encontraban dispersos, pero nunca permanecieron callados. ¡Iban por todas partes predicando la Palabra!

Ahora, como pastor de una iglesia perseguida y esparcida, tenía algunas preguntas: «¿Cómo podemos vivir así? ¿Cómo respondemos a la persecución, sin escondernos tras puertas cerradas, sino viendo esto como una puerta abierta? ¿Cómo seguimos predicando la Palabra?».

Irónicamente, encontré mis respuestas en la voz de quien persiguió a esa iglesia primitiva en Jerusalén: el apóstol Pablo. Piensa en el consejo que le dio a Timoteo, un pastor joven: «Porque yo ya estoy para ser sacrificado, y el tiempo de mi partida está cercano. He peleado la buena batalla, he acabado la carrera, he guardado la fe. Por lo demás, me está guardada la corona de justicia, la cual me dará el Señor, juez justo, en aquel día; y no sólo a mí, sino también a todos los que aman su venida» (2 Ti. 4:6-8).

Pablo escribió estas palabras desde la celda de una prisión. El perseguidor de la iglesia había sido perseguido por la iglesia. Cerca del final de su vida, centró su atención en su futuro. Anhelaba con ansias el cielo y la gloria que le esperaba. Esto es lo que le dio la confianza para continuar, para seguir luchando, seguir corriendo.

Pocos meses después de haber sido esparcidos, fui enviado como uno de los ancianos a una nueva iglesia que plantamos como resultado directo de esa persecución. Prediqué el primer sermón en nuestro primer domingo como una comunidad del nuevo pacto. ¿Puedes adivinar los textos que escogí? Hechos 8 y 2 Timoteo 4. Quería remitirnos al cielo.

Ese día, como comunidad del nuevo pacto, un pueblo esparcido se convirtió en un nuevo pueblo reunido, al menos hasta que el Señor decida dispersarnos nuevamente o regresar para llevarnos a casa. Pero hasta ese día, seguiremos predicando la Palabra, esperando el cumplimiento de la promesa de que un día seremos un pueblo reunido eternamente, coronado de gloria, a salvo y seguro, que nunca más será esparcido.

Iglesias: Las embajadas y la geografía del cielo

Jonathan Leeman

Si lees el artículo de Bobby Jamieson sobre cómo dirigir a la iglesia en la Cena del Señor (en esta misma Revista), notarás cómo se emociona cuando lee las palabras de la Última Cena de Jesús acerca de beber con nosotros nuevamente en el reino del Padre. «La Cena es un anticipo del banquete celestial», dijo Bobby a la congregación. Las palabras se le quedan atrapadas en la garganta, dice.

Bobby es mucho más piadoso que yo.

Mientras él lagrimea, yo confieso estar sentado en el banco escuchando esas mismas palabras acerca de un «presagio» (o como dice Mark Dever, «un adelanto»); miro esa oblea que sabe a goma y el vaso de plástico chasqueando entre los dedos con jugo de uva diluido y que apenas me moja la boca; y suspiro para mis adentros: «¿De verdad? ¿*Esto* es el presagio? ¡Espero que el banquete mesiánico sea mucho mejor que esto!».

Como dije, la mente de Bobby está centrada en cosas más celestiales.

Pensándolo bien, tal vez haya una buena razón tanto para las lágrimas como para el suspiro. ¿Las lágrimas representan la esperanza de lo que vendrá? ¿Y el suspiro el reconocimiento de lo que aún no llega?

Estoy a punto de argumentar que tu iglesia local es una embajada y la geografía temporal del cielo, parecido a cómo Bobby llama a la Cena un presagio del banquete mesiánico. Pero si soy honesto, y si eres honesto conmigo, ambos podríamos admitir que cuando miramos a nuestras respectivas iglesias, suspiramos internamente: «¿En serio? ¿*Esto* es una embajada? ¡Espero que la de verdad sea mucho mejor que esto!».

Afortunadamente, sí, la reunión del fin de los tiempos que disfrutaremos en los cielos nuevos y la tierra nueva es mucho mejor. Sin embargo, Jesús estableció un enlace, una cadena, una *conexión tipológica*, para

usar la frase del teólogo de los cincuenta centavos, entre tu iglesia y el cielo. Tu iglesia es el tipo, así como esa pequeña oblea de la comunión es un *tipo* de pan; y tu iglesia apunta, representa, habla, demuestra y vive los primeros frutos de algo más grande, que es el *antitipo*, el cielo. Y ese vínculo entre ambos está ahí por diseño divino.

LA IGLESIA COMO EMBAJADA DEL CIELO: DECLARA LOS JUICIOS DEL CIELO

En primer lugar, tu iglesia es una embajada del cielo.

Una embajada, si no estás familiarizado con la idea, es un puesto autorizado oficialmente de una nación dentro de las fronteras de otro país. Representa y habla en nombre de esa nación extranjera. Actúa como una delegación, aunque provisionalmente.

Por ejemplo, yo pasé un año y medio en Bruselas, Bélgica, en la universidad, tiempo durante el cual mi pasaporte estadounidense expiró. Así que viajé a la embajada de Estados Unidos en pleno centro de Bruselas. Al entrar, me dijeron que me encontraba en tierra estadounidense. Ese edificio, el embajador de Bélgica y todos los funcionarios del departamento de estado que trabajaban allí tienen la autoridad del gobierno de Estados Unidos. Pueden hablar en nombre de mi gobierno de una manera que yo, aunque soy ciudadano estadounidense, no puedo, al menos no en un sentido oficial. Las embajadas y los embajadores presentan los juicios oficiales de una nación extranjera: lo que esa nación quiere, lo que hará, lo que cree.

Después de mirar mi pasaporte expirado y revisar sus computadoras, emitieron un juicio: Realmente soy un ciudadano estadounidense, así que me dieron un nuevo pasaporte.

Asimismo, Jesús estableció a las iglesias locales para que declararan algunos de los juicios del cielo ahora, aunque provisionalmente. Al entregar las llaves del reino, primero a Pedro y a los apóstoles y luego a las iglesias reunidas, Jesús dio a las iglesias una autoridad parecida a la de la embajada de Estados Unidos en Bruselas: la autoridad para emitir juicios provisionales concernientes a lo *que* es una confesión correcta del evangelio (Mt. 16:13-19) y *quién* es un ciudadano del reino de los cielos (18:15-20). Esto es lo que Jesús quiso decir cuando dijo

que las iglesias poseen la autoridad para atar y desatar en la tierra lo que está atado y desatado en el cielo (16:18; 18:17-18). No quiso decir que podían convertir a las personas en cristianas ni que podían hacer del evangelio lo que es, como tampoco la embajada podría hacerme estadounidense ni hacer leyes estadounidenses. En cambio, Jesús quiso decir que las iglesias podían hacer pronunciamientos o juicios oficiales en relación con el *qué* y el *quién* del evangelio en nombre del cielo. ¿Qué es una confesión correcta? ¿Quién es un verdadero confesante?

La iglesia emite estos juicios por medio de su predicación y las ordenanzas. Cuando un pastor abre su Biblia y predica que «Jesús es el Señor», que «todos estamos destituidos de la gloria de Dios» y que «la fe viene por el oír», hace eco de los juicios del cielos. Y ata la conciencia de todo el que quiera llamarse ciudadano del reino de los cielos. Esa predicación apunta al *qué* del evangelio, entiéndase, una confesión celestial.

De igual manera, cuando una iglesia bautiza y disfruta de la Cena del Señor, emite los juicios del cielo acerca del *quién* del evangelio, entiéndase, los confesores celestiales. Esto es lo que hacemos cuando bautizamos a la gente *en el nombre* del Padre, del Hijo y del Espíritu Santo (cf. Mt. 28:19). Les damos a esos individuos un pasaporte y decimos: «Ellos hablan en nombre de Jesús». Repetimos el proceso a tra-

vés de la Cena del Señor: «Siendo uno solo el pan, nosotros, con ser muchos, somos un cuerpo; pues todos participamos de aquel mismo pan» (1 Co. 10:17). Participar del pan, en otras palabras, ilumina y afirma a la vez quién pertenece al único cuerpo de Cristo. Es una ordenanza reveladora de la iglesia.

Las oraciones de alabanza, confesión y agradecimiento de la iglesia, también declaran los juicios de Dios. Reconocemos quién es Él, quiénes somos nosotros y lo que Él ha hecho por medio de Cristo. Incluso nuestras oraciones de intercesión, cuando están alineadas con Su Palabra y Espíritu, demuestran que nuestras ambiciones han sido conformadas a los juicios de Dios.

El cántico de la iglesia es esa actividad en la cual le repetimos sus juicios a Él y entre nosotros de una forma melódica y emocionalmente vinculante.

Finalmente, declaramos los juicios de Dios en nuestras vidas a lo largo de la semana, tanto en momentos juntos como separados. Nuestra comunión y sus extensiones deberían ilustrar nuestro acuerdo con los juicios de Dios, al *incluir* la justicia y *excluir* la injusticia. Todos los miembros deben vivir como una presentación anticipada de los juicios de Dios.

Eso, en última instancia, es lo que llamamos la adoración de una iglesia. La adoración de una iglesia es *su acuerdo y declaración de los juicios de Dios*. Adoramos cuando pronunciamos de palabra o de hecho, ya sea comiendo o bebiendo, cantando u orando: «Tú, oh Señor, eres digno, precioso y valioso. Los ídolos no».

LA IGLESIA COMO LA GEOGRAFÍA DEL CIELO: DISFRUTA DE LA COMUNIÓN ACTUAL

Pero una iglesia local no es solo una embajada del cielo, es la «geografía» del reino de los cielos, aunque de manera provisional y temporal, de nuevo, como esa oblea que comemos en la Santa Cena. Recientemente escuché a Matt Chandler explicar cómo su iglesia, al terminar los primeros meses de la cuarentena a causa del COVID, descubrió nuevamente cuán profundamente espiritual es congregarse. Esa fue la palabra que usó: «espiritual». Yo inmediatamente pensé: «Sí, es espiritual, e irónicamente la naturaleza espiritual de las reuniones se basa precisamente en lo físico».

Dios nos creó como criaturas encarnadas. Jesús mismo se encarnó, siendo completamente Dios y completamente hombre. Y hay un significado espiritual y dinamismo cuando los cristianos se reúnen físicamente para alabar a Jesús, parados codo con codo, respirando el mismo aire, uniendo sus voces en alabanza. El cielo está *allí*, temporalmente y por delegación, como una pequeña oblea (véase el artículo de Sam Edi en esta Revista).

Regresa a Mateo 18 de nuevo. En el último punto, dije que las iglesias declaran los juicios del cielo a través de las llaves del reino. Pero me salté un par de puntos cruciales. Jesús también dice que los cristianos deben *reunirse* y *estar de acuerdo* al hacer esos juicios.

Luego de explicar la autoridad de las llaves para atar y desatar en el versículo 18, se da a entender nuevamente en el versículo 19: «Otra vez os digo, que si dos de vosotros se pusieren *de acuerdo* en la tierra acerca de cualquiera cosa que pidieren, les será hecho por mi Padre que está en los cielos» (Mt. 18:19). Observa que el acuerdo en la tierra indica lo que el Padre está haciendo en el cielo. Hablan en Su nombre. Luego en el versículo 20, Jesús continúa explicando que este acuerdo debe ocurrir en la *reunión* de la iglesia: «Porque donde están dos o tres *congregados* en mi nombre, allí estoy yo en medio de ellos» (v. 20). Una iglesia puede reunirse en Su nombre porque está de acuerdo en Su nombre: quién es Jesús y lo que ha hecho. Jesús luego sella ese acuerdo con Su propia presencia. Cuando Jesús dice que está «allí» y «entre» ellos, no quiere decir que está flotando como una neblina mística en la sala. Quiere decir que la reunión literal y encarnada lo representa. Habla en Su nombre y posee Su autoridad. Él se identifica con ella como si enarbolaran Su bandera.

En otras palabras, no es solo que la iglesia representa provisionalmente el gobierno y el juicio de Cristo. Es la iglesia *reunida*. La iglesia *reunida* es la embajada. Dicha reunión representa la autoridad celestial y la geografía de Jesús, ya sea que ese alfiler en el mapa esté en Bélgica, Alemania, Rusia, Irán, China o Brasil.

Y no es solo Jesús quien dice esto. Pablo parece recordar la promesa de Jesús en Mateo 18:20 cuando la iglesia en Corinto enfrentaba su propia situación de disciplina de la iglesia: «En el nombre de nuestro Señor Jesucristo, reunidos vosotros y mi espíritu, con el poder de nuestro Señor Jesucristo, el tal sea entregado a Satanás para destrucción de la carne, a fin de que el espíritu sea salvo en el día del Señor Jesús» (1 Co. 5:4-5). Cuando la iglesia se reúne o congrega en el nombre de Cristo, posee el poder del Señor Jesús para remover a alguien de la membresía. Después de todo, ya no puede estar *de acuerdo* en que esta persona es un creyente. Por tanto, debe emitir un juicio provisional en nombre de Jesús en la tierra.

Jesús no tenía la intención de que Sus discípulos se apoderaran de una parcela geográfica de tierra mediante la espada. Pero tampoco pretendía que fueran una «religión» caracterizada simplemente por ciertas creencias o un «club» cuyos miembros se reúnen voluntariamente en torno a un interés común, como el ajedrez. Al contrario, quería constituirlos en un reino, una realidad política, una que desafiara y trascendiera las barreras políticas de este mundo.

Así que escogió una palabra política que tuviera un significado espacial: *ekklēsia*. Sus discípulos se someterían a Él y lo harían juntos, visiblemente, en un lugar; como testimonio de Su gobierno, como si fueran un reino de tierras como cualquier otro.[2]

Como los exploradores españoles del siglo XV que cruzaron el océano en busca de oro, la reunión es el lugar donde nuestro barco encalla en la geografía temporal pero visible del reino de Cristo: la reunión. Es temporal porque dura semanalmente solo un par de horas. Es temporal porque aún no hemos obtenido nuestra herencia permanente. Sin embargo, la geografía es real, espacial, física. Existe, no es teórica. Es visible y es donde sucede la acción.

La autoridad de Cristo realmente transforma y santifica el espacio físico donde la iglesia se reúne. ¿Recuerdas que dije que los funcionarios de la embajada me dijeron que entrar en la embajada de Estados Unidos en Bruselas era pisar suelo estadounidense? ¿Por qué? Porque la autoridad del gobierno de Estados Unidos controla ese espacio. El espacio físico en sí es inerte, pero su importancia social se transforma por la imposición de la autoridad de Estados Unidos. La autoridad «santifica» la tierra y el espacio.

2 Los párrafos de este artículo han sido adaptados de Jonathan Leeman, *One Assembly: Rethinking the Multi-site and Multi-service Models* [*Una asamblea: replanteamiento de los modelos multisitio y multiservicio*] (Crossway, 2020).

Asimismo, la autoridad de Cristo transforma la geografía. Él santifica el espacio donde se congregan los cristianos. Le da un nuevo significado social con Sus palabras «allí» y «entre» (Mt. 18:20). Está allí, en medio. Esto sucede independientemente de que el dueño de ese reino en particular lo reconozca o no, ya sea que el nombre de ese dueño sea el Partido Comunista Chino o el ayatolá iraní o el dueño de un cine. Cuando se combina con la predicación del evangelio y las ordenanzas, esa reunión se convierte en una iglesia. El reino de Dios se ha vuelto visible y geográfico allí, entre esas personas. Cuando la iglesia se dispersa, siguen siendo miembros, pero la geografía se desvanece. El espacio ya no es sagrado.

No obstante, cuando nos reunimos, la geografía del cielo se hace visible, audible y tocable, tan tocable como los codos que se tocan en las bancas, incluso si solo estamos hablando de una realidad física tan sustancial como la oblea que sabe a goma y el sorbo de jugo que apenas humedece mi boca. Aún así, los humanos son y por siempre serán criaturas físicas. Los cuerpos importan. El espacio importa. La unidad física importa. Y las iglesias necesitan un espacio geográfico donde reunirse para que puedan convertirse en lo que son: un espacio proléptico del cielo.

Y cuán «espiritual» es esa reunión física, como dijo Chandler. Luchas con un odio oculto hacia un hermano toda le semana, pero luego su presencia en la mesa del Señor te confronta y te lleva a confesar tu pecado. Luchas con el recelo hacia una hermana, pero luego la ves cantando las mismas canciones de alabanza que tú, y tu corazón se conmueve. Luchas con la ansiedad por las próximas elecciones, pero entonces el predicador declara la futura victoria y vindicación de Cristo, escuchas gritos de «¡amén!» a tu alrededor y recuerdas que perteneces a una ciudadanía celestial aliada en la esperanza. Sientes la tentación de mantener tu lucha en la oscuridad, pero luego la tierna pero apremiante pregunta de una pareja mayor durante el almuerzo: «¿Cómo estás realmente?», te atrae hacia la luz.

Cristiano, tú y yo podemos «descargar» verdades bíblicas virtualmente. Maravilloso. Y aún así no sentir, experimentar ni presenciar que esas verdades se encarnen en la familia de Dios, lo cual fortalece nuestra fe y crea lazos de amor entre hermanos y hermanas.

Un día, todo el pueblo de Dios se reunirá: «una gran multitud, la cual nadie podía contar, de todas naciones y tribus y pueblos y lenguas, que estaban delante del trono y en la presencia del Cordero» (Ap. 7:9). Y esta reunión nunca terminará.

Hasta ese día, las iglesias se reúnen para establecer de manera visible y geográfica puestos de avanzada para el reino celestial de Cristo en la tierra. Y oramos:

«Venga tu reino. Hágase tu voluntad, como en el cielo, así también en la tierra».

CONCLUSIÓN

Vivo cerca de Washington, D.C. Me encanta caminar por lo que se conoce como Embassy Row donde se alinean embajadas tras embajadas de todo el mundo. Está la bandera y la embajada japonesa, está Gran Bretaña, Finlandia. Cada embajada representa una nación diferente del mundo, un gobierno diferente, una cultura diferente, un pueblo diferente.

¿Qué es una iglesia reunida? Es una embajada del cielo. Jesús no pidió a las Naciones Unidas, a la Corte Suprema de Justicia de Estados Unidos o al departamento de filosofía de la Universidad de Harvard que lo representaran a Él y a Sus juicios. Le pidió a los humildes, a los pequeños, a las cosas que no son. Le pidió a Bumblestew Baptist y a la iglesia presbiteriana de Possum Hollow que lo representaran y declararan Sus juicios celestiales.

Entra en Bumblestew Baptist o en la iglesia presbiteriana de Possum Hollow, ¿y qué deberías encontrar? Una nación completamente diferente: extranjeros, exiliados, ciudadanos del reino de Cristo.

No solo eso, deberías experimentar el inicio de la cultura del cielo. Estos ciudadanos celestiales son pobres de espíritu y mansos. Tienen hambre y sed de justicia y son limpios de corazón. Son pacificadores que ponen la otra mejilla, caminan la milla extra, dan su camisa y abrigo si se lo pides, ni siquiera miran a una mujer con lujuria y mucho menos cometen adulterio, no odian y mucho menos cometen homicidio.

Oh, naciones de la tierra, ¿quieren saber cómo es el cielo? ¿En qué cree y cuáles son sus valores? ¿Quieren un avance de sus juicios?

Nuestra iglesia no siempre declarará y personificará bien al cielo. Somos para el cielo lo que las obleas de goma y los vasos plásticos son para un banquete real. Te decepcionaremos y diremos cosas insensibles. Honestamente, incluso pecaremos contra ti. Pero aspiramos apuntarte hacia el corazón del cielo, que es Cristo. Él nunca peca ni decepciona. Nosotros somos las obleas y el jugo diluido. Él es el banquete. Pero la buena noticia para ti es que pecadores como tú pueden unirse a nosotros en esa compañía, si tan solo confiesas tus pecados y lo sigues.

Acerca del autor

Jonathan Leeman es editor de la serie de libros de 9Marks así como del 9Marks Journal. También es el autor de varios libros acerca de la iglesia. Desde su llamado al ministerio, Jonathan ha obtenido un Máster en Divinidad del Southern Seminary y un doctorado en Eclesiología de la Universidad de Gales. Vive con su esposa y cuatro hijas en Cheverly, Maryland, donde es anciano en Cheverly Baptist Church.

La Cena del Señor: Un anticipo del banquete celestial

Bobby Jamieson

Cuando dirijo la celebración de la Cena del Señor en nuestra iglesia, casi siempre me emociona una oración cerca del final. Las palabras se me atoran en la garganta; si te fijas bien, podrías ver una lágrima en mi ojo. Ocurre justo antes de que participemos de la copa juntos, cuando leo en voz alta las últimas palabras de Jesús en el relato de Mateo de la Cena del Señor: «Y os digo que desde ahora no beberé más de este fruto de la vid, hasta aquel día en que lo beba nuevo con vosotros en el reino de mi Padre» (Mt. 26:29).

¿Por qué esa oración? No por qué la leemos, que debería ser bastante obvio, sino ¿por qué siento un cosquilleo en la nuca? Porque, de todos los momentos del mes, ese momento acerca el banquete futuro al presente. En ese momento, la esperanza no es solo algo por lo que lucho o siento, sino algo que pruebo.

En la Cena del Señor, recordamos y proclamamos la muerte de Jesús (1 Co. 11:25-25). En la Cena del Señor, compartimos juntos por la fe los beneficios del sacrificio de Cristo por nosotros (1 Co. 10:16-17). Y en la Cena del Señor, experimentamos un anticipo del banquete celestial. La Cena del Señor es un aperitivo del festín que comenzará el día en que Cristo reúna el cielo y la tierra.

Piensa en la promesa de Dios en Isaías 25:6-8:

> Y Jehová de los ejércitos hará en este monte a todos
> los pueblos banquete de manjares suculentos,
> banquete de vinos refinados, de gruesos tuétanos y
> de vinos purificados.
> Y destruirá en este monte la cubierta con que están
> cubiertos todos los pueblos, y el velo que envuelve a
> todas las naciones.
> Destruirá a la muerte para siempre;
> y enjugará Jehová el Señor toda lágrima de todos los
> rostros;
> y quitará la afrenta de su pueblo de toda la tierra;
> porque Jehová lo ha dicho.

Ese día, las lágrimas y la vergüenza quedarán en el olvido para siempre. Ese día, la sofocante y estranguladora sentencia de muerte que ahora nos asfixia a todos no solo será revocada, sino consumida. Ese día, la muerte no será diferida o desviada, sino devorada. Si se eliminan todas estas, ¿qué ocupará su lugar? Un banquete. Un banquete de lo mejor. Un banquete para personas de todos los pueblos. Un banquete eterno.

¿No te da ganas de cantar? ¿Cantar a todo pulmón en un mar de santos para que sus voces se hinchen y estallen como el Pacífico Norte en invierno?

> Y oí como la voz de una gran multitud, como el estruendo de muchas aguas, y como la voz de grandes truenos, que decía: ¡Aleluya, porque el Señor nuestro Dios Todopoderoso reina! Gocémonos y alegrémonos y démosle gloria; porque han llegado las bodas del Cordero, y su esposa se ha preparado. Y a ella se le ha concedido que

se vista de lino fino, limpio y resplandeciente; porque el lino fino es las acciones justas de los santos. Y el ángel me dijo: Escribe: Bienaventurados los que son llamados a la cena de las bodas del Cordero. Y me dijo: Estas son palabras verdaderas de Dios (Ap. 19:6-9).

Ciertamente bienaventurados. Completamente bienaventurados. Al fin bienaventurados.

La comida en sí es una parábola de nuestra transitoriedad, una señal de la fugacidad de todo lo que nos aferramos y de todo lo que nos mantiene unidos. Te da hambre, comes, quedas lleno, te da hambre otra vez. «Todo el trabajo del hombre es para su boca, y con todo eso su deseo no se sacia» (Ec. 6:7). Pero los apetitos físicos no son los únicos que toca la comida. Como dijo Robert Farrar Capon:

La cena más espléndida, la comida más exquisita, la compañía más gratificante, provocan más apetitos de los que satisfacen. No sacian la sed de ser que tiene el hombre; la afilan mucho más… Nos aferramos a este mundo en toda su solidez gloriosa, pero él lucha en nuestros mismos brazos, se declara un mundo peregrino y, a través de las celosías y ventanas de su naturaleza, descubre ciudades aún más deseables.[3]

La Cena del Señor es una comida para peregrinos. Como la Pascua, es una comida listos

3 Robert Farrar Capon, *The Marriage Supper of the Lamb* (La cena de las bodas del Cordero) (New York: The Modern Library, 2002), 188.

para salir al camino. La Cena del Señor dirige nuestra atención, al dirigir nuestros sentidos, a lo que Cristo ha hecho por nosotros, dónde nos ha puesto y a dónde nos llevará. En nuestro viaje por este desierto, Cristo mismo es nuestro maná, y la Cena del Señor nos ayuda a sostenernos en el camino porque lo representa.

Pero, como dice Capon, no solo somos un pueblo peregrino, también vivimos en un mundo peregrino. La creación anhela profundamente convertirse en la ciudad permanente que deseamos (Ro. 8:19-21; He. 11:14, 16; 13:14). Y la Cena del Señor no solo calma nuestra sed de comunicarnos con Dios, la afila mucho más. Las celosías y ventanas del pan y del vino, revelan el banquete más deseable de todos.

Acerca del autor

Bobby Jamieson es pastor asociado de Capitol Hill Baptist Church en Washington, D.C. Es el autor, más recientemente, de *Jesus' Death and Heavenly Offering in Hebrews* [*La muerte de Jesús y las ofrendas celestiales en Hebreos*].

Cómo la disciplina de la iglesia apunta al cielo

Chopo Mwanza

La iglesia de Jesucristo vive en la superposición de la antigua era y la nueva era: el «ya/todavía no», como se le llama a menudo. Vivimos, al mismo tiempo, en el reino de Dios y estamos sentados con Cristo en lugares celestiales (Ef. 2:6), pero también anhelamos estar con Cristo personalmente y reinar con Él eternamente. Encontramos esta tensión a lo largo del Nuevo Testamento:

- El creyente es salvo en Cristo (Ef. 2:8), pero todavía ha de ser salvo (Ro. 5:9);
- El creyente es adoptado en Cristo (Ro. 8:15), pero todavía ha de ser adoptado (Ro. 8:23);
- El creyente es redimido en Cristo (Ef. 1:7), pero todavía ha de ser redimido (Ef. 4:30);
- El creyente es santificado en Cristo (1 Co. 1:2), pero todavía ha de ser santificado (1 Ts. 5:23-24).
- El creyente es resucitado en Cristo (Ef. 2:6), pero todavía ha de ser resucitado (1 Co. 15:52).

Las iglesias deben vivir a la luz de esta tensión. Como comunidad de la nueva creación que aún vive en el antiguo orden, nuestro trabajo como cristianos es edificar a la iglesia y prepararla para la venida de Cristo a fin de que nadie sea avergonzado cuando Él se manifieste (1 Jn. 2:28). Una de las principales formas de hacer esto podría sorprenderte: practicamos la disciplina de la iglesia (cf. Mt. 18:15-18, 1 Co. 5:1-13, 2 Ts. 3:14-15, Ti. 3:10). Practicamos la disciplina de la iglesia por el bien de la santidad de la iglesia, para honrar a Dios y prepararnos para reunirnos con el Señor (Ef. 5:26-27, 1 Ts. 5:23-24, Judas 24-25).

Probablemente estés familiarizado con 1 Corintios 5, uno de los textos más importantes del Nuevo Testamento acerca de la disciplina de la iglesia. En este pasaje, Pablo señala que un miembro de la iglesia está viviendo en una relación incestuosa con la mujer de su padre. Para agravar el escándalo, la iglesia parecía tolerar la situación. En cambio, Pablo los insta a abordar el problema de manera decisiva e inmediata.

¿Pero alguna vez notaste el propósito general en el consejo de Pablo acerca de la disciplina? Al negarse a asociarse o relacionarse con el hombre que vive en pecado (5:11), la iglesia entrega eficazmente al hombre a Satanás para la «destrucción de la carne, a fin de que el espíritu sea salvo en el día del Señor Jesús» (5:5). En otras palabras, Pablo espera que confrontar el pecado del hombre hoy, lo lleve a arrepentirse para que en el día final pueda estar entre los que verdaderamente conocen a Cristo y reciben Su misericordia.

La disciplina de la iglesia es una advertencia anticipada para el hermano extraviado del inevitable juicio final contra su pecado. Busca «salvar su alma» y restaurarlo en arrepentimiento. En otras palabras, la disciplina de la iglesia apunta al cielo.

Considera tres formas en que la disciplina apunta al cielo.

1. La disciplina de la iglesia nos prepara para la manifestación del Señor.

El objetivo del ministerio de la iglesia es presentarse santa y perfecta ante su Señor (Col. 1:28). La iglesia es salva, pero aún espera su salvación final. Así que en el presente, está llamada a ocuparse de su salvación (Fil. 2:12). Los creyentes deben despojarse de su antigua naturaleza, renovar sus mentes y vestirse con las virtudes de Cristo (Ef. 4:22-24). La iglesia debe crecer continuamente para reflejar al Señor que afirma conocer y seguir. Además, se le asegura que cuando Él aparezca, será totalmente como Él (1 Jn. 3:1-3).

Por tanto, cuando un creyente no está viviendo de acuerdo con su profesión, la iglesia tiene tanto la obligación como la oportunidad para confrontar a esa persona para ayudarle a vivir según los mandatos de Cristo. La gran mayoría del tiempo, este proceso ocurre en una sola conversación. Un creyente confronta a otro por su pecado; el creyente confrontado recibe esa amonestación con alegría y se arrepiente. En ocasiones, no obstante, dichas conversaciones acerca de un pecado grave no son bien recibidas. Jesús describe el proceso a seguir en esas situaciones en Mateo 18.

Todo este proceso, ya sea que termine en una sola conversación o con una votación congregacional, asegura que el pueblo de Dios estará preparado para el regreso del Señor. Cuando practicamos la disciplina de la iglesia, estamos preparando tanto a la persona disciplinada como a nosotros mismos para la manifestación del Señor.

2. La disciplina de la iglesia fomenta la adoración pura a Dios.

La iglesia no puede adorar a Dios mientras vive en pecado. La Escritura nos advierte que si vivimos en pecado, Dios no escuchará nuestras oraciones (Sal. 66:18). Nuestras ofrendas no serán aceptables si tenemos problemas sin resolver con un hermano (Mt. 5:24). Es posible que las oraciones del esposo sean ignoradas si no trata bien a su esposa (1 P. 3:7).

El estándar aquí, por supuesto, no es la perfección. Todos los cristianos son pecadores y todas las iglesias están llenas de pecadores. Pero el estándar debería ser la santidad, una postura que tome en serio el pecado y no lo tolere, ya sea debido a una compasión errónea o por ignorancia. En pocas palabras, una iglesia no puede adorar a Dios correctamente si no vive rectamente. La adoración pura y honorable a Dios ocurre en la medida que la iglesia busca a Cristo. Una práctica fiel de la disciplina de la iglesia fomenta la adoración pura.

La adoración de la iglesia en la tierra es un anticipo de nuestra adoración en el cielo donde el pueblo de Dios se reunirá para adorar a Dios con toda pureza y unidad.

3. La disciplina de la iglesia exalta a Cristo.

Cristo es la cabeza de la iglesia. Él es su fuente y su sustentador. Ella existe para complacer a su Señor y maestro, para alabar Su glorioso nombre. Cristo se ofreció a Sí mismo como un sacrificio para que nosotros podamos tomar Su justicia y vivir con rectitud.

Por esa razón, los creyentes exaltan a Cristo al procurar la santidad. Cuando los creyentes hacen un pacto juntos de seguir a Cristo, se comprometen a ayudarse mutuamente a crecer en santidad y, al hacerlo, honran Su nombre. A través de la disciplina, la iglesia responsabiliza a sus miembros de vivir en la tierra como ciudadanos del cielo.

Cuando pensamos en la disciplina de la iglesia, es fácil para nosotros separarla de nuestra esperanza futura. Solo pensamos en el costo y la dificultad en el aquí y ahora. No pensamos en el futuro. Pero debemos guardarnos de la tentación. A medida que nos comprometemos a ayudarnos unos a otros a crecer en santidad al confrontar nuestro pecado con gentileza y gracia, miramos hacia el cielo. Practicamos la disciplina eclesial para que la iglesia de Cristo pueda presentarse santa y sin mancha ante su Señor. Practicamos la disciplina de la iglesia porque anhelamos ver a los hermanos y hermanas descarriados ser restaurados, porque deseamos verlos en el cielo.

Acerca del autor
Chopo Mwanza es pastor de Faith Baptist Church Riverside en Kitwe, Zambia.

La esperanza del cielo al inicio del ministerio

Omar Johnson

«¿Cuál es tu visión?».

Si eres un pastor nuevo, es probable que hayas escuchado variantes de esa pregunta en innumerables ocasiones.

Tal vez ha sido planteada por miembros actuales de tu nueva iglesia, que esperan con ansias conocer la dirección en la que planeas llevarlos. Quizá venga de posibles miembros que estén interesados en unirse a la obra contigo, pero que necesitan conocer el proyecto antes de inscribirse.

Podría ser la consulta de iglesias asociadas u organizaciones paraeclesiásticas, que prometen colaborar con dinero y personal *si* contestas la respuesta correctamente.

«¿Cuál es tu visión?».

No puedo recordar todas las formas en que he respondido, pero al mirar atrás después de mi primer año de ministerio pastoral, estoy seguro de que muchas de mis respuestas fueron inadecuadas. ¿Por qué?

Porque fueron muy limitadas. Si bien pude haber comunicado mi esperanza de un ministerio fiel y prolongado en el mismo lugar con las mismas personas, mi visión aún no estaba lo suficientemente proyectada hacia el futuro. Debería haber puesto mi mirada en algo más distante y más esencial: el cielo.

Hermanos, al inicio de nuestros ministerios, necesitamos una gran visión de dónde termina todo. Necesitamos una visión del cielo.

Permíteme ofrecer tres razones por las que centrarte en el cielo es indispensable si eres un pastor nuevo.

1. ENFOCARSE EN EL CIELO PERFORA EL ORGULLO DEL PASTOR NUEVO.

Mirar hacia el cielo nos recuerda que el reconocimiento y las recompensas vienen; lo que significa que no tenemos que clamar por ellas ahora.

Al comienzo del ministerio, casi todos los pastores no se sienten lo suficientemente preparados. Entre la predicación, la planificación, la consejería y la administración, hay momentos en los que te das cuenta: «¡No soy muy bueno en esto!».

¿Qué sucede después?

Muchos de nosotros intentamos conquistar este sentido de insuficiencia buscando afirmaciones externas de nuestra capacidad. Buscamos y vivimos para que las personas reconozcan nuestro trabajo. Queremos saber que *ellos* saben que han hecho la contratación correcta; su elogio es una confirmación de la votación de la congregación.

Pero pregúntate: «¿Por qué me preocupa tanto lo que las personas piensen y digan de mí ahora mismo?».

Esta mentalidad delata sutilmente que quienes predicamos acerca del cielo, a menudo vivimos como si no existiera. Actuamos como si esta vida fuera todo lo que hay, por lo que la alabanza de nuestra congregación se convierte en nuestro mayor premio.

Pero la Biblia deja claro que nuestro trabajo debería centrarse en servir a Dios, no en nosotros mismos, en Su aprobación de nosotros, no la aprobación de los demás (1 Ts. 2:4; Gá. 1:10). Increíblemente, este reordenamiento de prioridades no nos quita el reconocimiento, lo garantiza.

Al final de nuestras vidas y ministerios, Dios proporcionará la aprobación y la aceptación que una vez buscamos de la gente. El Rey mismo nos saludará y recibirá en Su reino con estas palabras: «Bien, buen siervo y fiel… entra en el gozo de tu señor» (Mt. 25:21).

2. ENFOCARSE EN EL CIELO IMPULSA EL MINISTERIO DEL PASTOR NUEVO.

«Estoy involucrado en recorridos al cielo dirigidos personalmente». Así es cómo Charles Spurgeon resumió sucintamente el trabajo de su ministerio.

¿De qué se trata tu ministerio?

Si solo estás comenzando, podrías sentir la tentación de enumerar tareas. «Mi ministerio se trata de predicar el evangelio y hacer discípulos».

¡Amén!

¿Pero qué te impulsa? ¿Qué motiva tu ministerio?

Un vistazo en una de las cartas de Pablo nos muestra que un enfoque parecido al de Spurgeon

acerca del futuro estimula su trabajo. Esta visión del futuro también podría estimular nuestros ministerios.

En Colosenses 1:28, Pablo resume su ministerio diciendo: «anunciamos [a Cristo], amonestando a todo hombre, y enseñando a todo hombre en toda sabiduría».

De momento, puede parecer que el ministerio de Pablo está simplemente orientado a tareas. Pero luego presenta su propósito final: «*a fin de* presentar perfecto en Cristo Jesús a todo hombre».

Pablo trabajó a la luz de la eternidad. Predicó, advirtió y enseñó no solo porque esos eran deberes de su descripción de trabajo, sino porque su ambición era presentar a la iglesia ante Dios un día. Pablo sabía que el cielo era real y quería ayudar a las personas a llegar allí, no como bebés, sino como creyentes maduros.

Eso es una corrección para mí, quizá también para ti. Gran parte del ministerio puede enfocarse en lo urgente: ayudar a una persona a superar una mala racha en su vida; querer ver a alguien vencer una adicción o esperar que alguien pueda responder mejor a una situación difícil.

Algunos días y semanas se sienten como si estuvieras jugando a «darle al topo». Tan pronto como abordas un problema o realizas una tarea, otro aparece.

Necesitamos pasajes como Colosenses 1:28 que nos recuerdan desde el inicio que el minis-

terio es más que ayudar a la gente a atravesar una mala semana; más que pastorear personas durante una pandemia o una temporada política irritable. El ministerio se trata de preparar a las personas para que se encuentren con Jesús, para que algún día podamos estar de pie a su lado, maduros en Cristo.

¿Puedes imaginarte, cuando estemos juntos del otro lado de la gloria con la congregación que Dios nos ha dado para pastorear? Tendremos cuerpos nuevos y glorificados, pero nuestros recuerdos seguirán intactos. Recordaremos el trabajo que hicimos a través de las pruebas y lágrimas, tentaciones y conversaciones difíciles. Predicando, advirtiendo, enseñando. Todo para ver a los santos llegar al cielo. Lo recordaremos todo, y del otro lado de la gloria el único comentario que tendremos será: «¡Todo valió la pena!».

Hermano, deja que la visión de lo que ha de venir impulse tu ministerio ahora.

3. ENFOCARSE EN EL CIELO BRINDA EL GOZO DURADERO QUE UN PASTOR NUEVO NECESITA.

Pastor, ¿qué te haría feliz? ¿Qué sueñas despierto en los escasos momentos libres?

Para muchos de nosotros, es el éxito, el éxito ministerial.

Y en un trabajo nuevo, tienes el punto de vista único de poder rastrear tal «éxito» (o falta del mismo) directamente hasta ti. ¿Ha aumentado o disminuido la membresía desde que comenzaste? ¿Han aumentado o disminuido las ofrendas? ¿Ha aumentado o disminuido la emoción?

Las respuestas a menudo determinan nuestras actitudes. Pero Jesús nos da algo mucho menos voluble a lo que atar nuestra felicidad. En Lucas 10:20, los discípulos regresan contentos de un exitoso viaje ministerial, uno lleno de nuevos hitos. Pero Jesús redirige su gozo: «Pero no os regocijéis de que los espíritus se os sujetan, sino regocijaos de que vuestros nombres están escritos en los cielos».

Realmente hay algo por lo que estar feliz, dice Jesús, pero no tiene nada que ver con el éxito aparente del ministerio. Lo que debería darnos gozo a todos, pastores y no pastores por igual, es que haya un libro de membresía en el cielo con nuestros nombres en él, grabados con la preciosa sangre de Jesucristo, quien murió y resucitó de la tumba por nosotros.

¿Acabas de comenzar tu ministerio y te diste cuenta de lo increíblemente difícil que es, de lo incesante que puede ser la crítica, de cuán lento puede parecer el crecimiento (tanto numérico como espiritual)? ¿Sientes la tentación de desesperarte? ¿Ya estás considerando marcharte?

Resiste. En tu peor día, o durante tu peor semana, o después de lo que puede parecer el peor comienzo ministerial que puedas imaginar, hay una razón para alegrarnos, una razón para no perder la esperanza. Tu nombre está escrito en el cielo.

Queridos hermanos, pongan su mirada más allá de unas pocas décadas. Pongan su mirada en la eternidad. Que el cielo sea la visión y el estímulo de su ministerio, y trabajen hasta llegar allí.

Acerca del autor

Omar Johnson es el pastor principal de Temple Hills Baptist Church en Temple Hills, Maryland.

La esperanza del cielo al final del ministerio

Phil A. Newton

Al haber crecido en un pequeño pueblo, a menudo asistía a servicios de adoración y funerales que presentaban cánticos acerca del cielo. Algunos tenían una buena teología. Otros no se asemejan en nada a la enseñanza bíblica acerca del cielo. Pero el cielo no solo era un tema principal en nuestros cánticos. Muchas personas hablaban de ello. Cuando hablaban de «las puertas del cielo» o de su «hogar celestial», observaba cómo nunca hablaban de haber sido liberados de la presencia del pecado, de mirar al Salvador o de pasar la eternidad con Dios en perfecta adoración. En cambio, las personas hablaban acerca del cielo porque querían ver a la abuela Sally, escapar de las dificultades o evitar tener que tomar decisiones difíciles. Para muchos en mi comunidad, el cielo no era un lugar infinitamente santo donde Dios mismo vivía, la gloria de Dios, sino más bien una *manera* de lograr una versión más o menos optimizada de su vida actual sin la interrupción de varias dificultades.

Pero el cielo no es el cielo sin Jesús.

PASTOREAR A LA LUZ DEL CIELO

Años más tarde, cuando me convertí en pastor, reaccioné erróneamente a esta idea sentimental y blanda acerca del cielo. ¿Cómo? Bueno, ¡simplemente no le di mucha importancia ni le presté mucha atención! No quería hablar del cielo. No quería cantar canciones cursis acerca del cielo que carecieran de ideas bíblicas. Por lo que, para mi vergüenza, lo dejé en su mayor parte olvidado, tácito, asumido.

La Palabra, sin embargo, comenzó a reformar mi pensamiento deformado. Cuando tenía unos cuarenta años, prediqué a través del Evangelio de Juan. Recuerdo cómo el discurso del aposento alto y la oración sacerdotal me sacudió por completo (Jn. 14-17). No pude evitar pensar en el cielo porque Jesús me quería allí, junto con todos aquellos a quienes ha redimido.

Cuánto más pastoreaba, más cosas sucedían que me empujaban hacia el cielo. Un ser querido muere, y la familia sufre. En este punto, como pastor, tengo que escoger qué hacer. Podía apuntarles al cielo de los vibrantes cánticos del evangelio del sur, o podía apuntarles al cielo *de Jesús*, la morada eterna prometida de los redimidos, todos los cuales entraron por la muerte sangrienta del Cordero de Dios (Ap. 5). El cielo es nuestro país natal, el verdadero lugar de la ciudadanía de quienes siguen a Cristo (Fil. 3:20-21). ¿Hay una mejor manera de reconfortar a un cónyuge en duelo que ayudarla a pensar en la gloria infinita que su fallecido esposo ahora está experimentando? ¿Hay una verdad más feliz que saber que lo que una vez vio borrosamente ahora lo ve cara a cara?

Cuánto más y más pastoreaba, cada vez más me daba cuenta de que no podía hablar bien acerca del cielo si no reflexionaba sobre él ante el Señor. Si su realidad no moldeaba mi vida ahora, entonces solo podría pronunciar palabras verdaderas a los necesitados.

LO QUE TODAVÍA ME AFECTA

Un aspecto del cielo me afecta más que el resto: el uso repetitivo de la palabra *esperanza* en la Escritura. Como joven cristiano, me empobrecí espiritualmente al reaccionar contra un uso no bíblico de la esperanza como la simple realización de un deseo. Aunque es lo suficientemente cierto, la esperanza bíblica es mucho más que eso. La Escritura envuelve las riquezas de todas las promesas de Cristo en esa sola palabra: «esperanza» (Ro. 8:24-25; Ti. 2:11-14; He. 6:13-20). Todo lo que Jesús nos ha asegurado a través de Su muerte y resurrección, todo lo que nos ha prometido en el evangelio, se centra en la palabra *esperanza*.

A medida que leía la Palabra con devoción y predicaba a lo largo de la Biblia, esta esperanza del cielo se hacía prominente. Me estoy haciendo mayor ahora, y mi anticipación de vivir para siempre con Jesús y los santos empieza a hacerse evidente. Pablo podía «[gloriarse] en la esperanza de la gloria de Dios», sabiendo que «la esperanza no avergüenza» (Ro. 5:2, 5). Más adelante, conecta la esperanza a nuestra perseverancia actual cuando declara: «Porque en esperanza fuimos salvos» (Ro. 8:24-25). Esta esperanza de nuestra herencia en Cristo cambia la manera en que vivimos y enfrentamos las pruebas.

Fascinado con la enseñanza bíblica de la esperanza, comencé a estudiarla intensamente, no tanto para predicar acerca de ella, aunque sucedió en el transcurso de las exposiciones, sino para enriquecer mi alma y mantener mi corazón enfocado en «las cosas de arriba, donde está Cristo sentado a la diestra de Dios» (Col. 3:1). En alguna parte de este proceso, pasé un año predicando todo Apocalipsis. Decir que el cielo me abrumaba sería un eufemismo. Desde ese momento, descubrí que mi predicación, mi oración pública, mi consejería y mis estímulos a la congregación a menudo se aventuraban en la esperanza del cielo. Parecía lo más natural y resultó ser muy útil.

LA ESPERANZA, EL CIELO Y LA PREPARACIÓN

Finalmente, a mediados de 2018, fue diagnosticado con un linfoma no hodgkiniano. Ese diagnóstico condujo a quimioterapias y repetidas visitas al oncólogo. Fue una temporada dura. Pero, ¿sabes qué sucedió? Mi corazón ministerial estaba tan enfocado en ayudar al rebaño a entender la esperanza del cielo, que cuando enfrenté la prueba de este diagnóstico, descubrí que esta misma esperanza quitó gran parte del aguijón de lo que me esperaba. Recuerdo decirle a mi oncólogo: «No me asusta morir. Soy un seguidor de Cristo, y Él ha prometido que gracias al evangelio estaré con Él eternamente». Esa certeza me ayudó una y otra vez mientras enfrentaba los destructivos efectos de la quimioterapia. Todavía lo hace, ya que vivo en remisión. El cielo no es solo para mis sermones; es para afirmar mi caminar como pastor de mi rebaño.

Cuando le hablo a la gente acerca del sufrimiento y la muerte, hablo con alegría de la esperanza del cielo que me mantiene a flote. Saben que he estado cerca de la muerte sin que eso me robara el gozo porque la esperanza del cielo sostiene mi corazón al mismo tiempo que enriquece mi ministerio.

Una hermana de nuestra iglesia perdió recientemente a su esposo de 70 años. Unas pocas horas después de que falleciera, me dijo: «Pastor, nunca supe cuán poderosa es la salvación hasta este momento». El cielo se hizo visible mientras descansaba en la poderosa obra de Cristo. Que conversación tan amena tuvimos incluso ante el dolor de la pérdida. Al reflexionar sobre ello, cobro ánimo incluso ahora.

Como escribió Samuel Rutherford: «No debemos temer las cruces, ni suspirar ni estar tristes por cualquier cosa que esté de este lado del cielo, si tenemos a Cristo». La esperanza del cielo en el futuro implica que podemos soportar cualquier cosa en el presente, de este lado del cielo. Debería haber hablado de esto al inicio de mi ministerio porque ciertamente no puedo dejar de hablar de eso ahora que me acerco al final de mi ministerio.

Acerca del autor

Phil Newton es el pastor principal de South Woods Baptist Church en Memphis, Tennessee.

Ayudas celestiales para problemas pastorales:

7 formas en las que el cielo nos ayuda a superar los desafíos en el ministerio

Mark Redfern

Como pastores, la realidad del cielo le da forma a nuestro ministerio. Por supuesto, sabemos que trabajamos para fines eternos. No obstante, me temo que para muchos pastores (incluyéndome), el «cielo» todavía tiene que salir de lo etéreo y teórico del mundo venidero y entrar en los asuntos prácticos y físicos de este mundo.

Pero en la Escritura, la gloria futura está destinada a tener un profundo impacto sobre nuestros ministerios actuales. Las epístolas pastorales están llenas de tales recordatorios. Pablo conecta reiteradamente para Timoteo las implicaciones de la vida eterna con su labor pastoral. En este artículo, resaltaré siete de esas implicaciones.

1. PENSAR EN EL CIELO INFUNDE ESPERANZA A NUESTRO MINISTERIO.

Al inicio de 1 Timoteo, Pablo se centra en la realidad del cielo. Le recuerda a Timoteo la naturaleza de su apostolado, pero no termina allí. También le recuerda a Timoteo del «Señor Jesucristo nuestra esperanza» (1 Ti. 1:1). ¿Por qué diría esto? Porque nuestro llamado al servicio de Cristo es infinitamente menos importante que nuestro llamado a la esperanza de Cristo.

Y esta esperanza impulsa nuestro ministerio actual. «Que por esto mismo trabajamos y sufrimos oprobios, porque esperamos en el Dios viviente, que es el Salvador de todos los hombres, mayormente de los que creen» (1 Ti. 4:10). Nuestra esperanza, puesta en el Dios vivo, motiva nuestro trabajo y esfuerzo en esta era.

Pastor, ¿estás cansado y desanimado? ¿Te cuesta seguir adelante? Permíteme animarte a fijar tu mente en la obra de Cristo antes de que fijes tu mente en tu trabajo por Cristo. Orienta tu corazón cada mañana a la esperanza que es tuya por la muerte y resurrección de Jesús. Luego trabaja con la fuerza que esta esperanza brinda.

2. PENSAR EN EL CIELO NOS AYUDA A TOMAR EN SERIO NUESTRA SANTIDAD PERSONAL

Como pastores, podemos estar tan enfocados en el ministerio que no solo olvidamos nuestra esperanza, sino que también descuidamos nuestro carácter. Necesitamos que se nos recuerde lo siguiente: «Ten cuidado de ti mismo y de la doctrina; persiste en ello, pues haciendo esto, te salvarás a ti mismo y a los que te oyeren» (1 Ti. 4:16).

La realidad de la salvación futura no es solamente para los demás, también es para nosotros. Con justa razón, cuidamos de nuestra doctrina, no sea que descuidemos predicar fielmente todo el consejo de Dios y declarar el bendito evangelio de nuestro Señor Jesucristo. Sin embargo, al hacerlo, no solo debemos aplicar ese evangelio a nuestros oyentes, sino también, y principalmente, a nosotros.

La implicación es clara: soportamos y perseveramos por la

gracia, asegurándonos de aplicar las palabras que predicamos a otros a nosotros mismos. Esto da evidencia de que seremos salvos por el mismo evangelio que estamos predicando.

Por esta misma razón, Pablo dice más tarde: «Mas tú, oh hombre de Dios, huye de estas cosas, y sigue la justicia, la piedad, la fe, el amor, la paciencia, la mansedumbre. Pelea la buena batalla de la fe, echa mano de la vida eterna, a la cual asimismo fuiste llamado, habiendo hecho la buena profesión delante de muchos testigos» (1 Ti. 6:11-12).

La vida eterna debe ser conquistada y se conquista a través de la batalla de la fe. Por tanto, pelea esa batalla, hermano. Sigue la justicia, en aras del cielo.

3. PENSAR EN EL CIELO NOS PERMTE SOPORTAR EL SUFRIMIENTO.

Sabemos que el llamado al ministerio es un llamado a sufrir. Pero Dios nos ha dado una inmensa fuente de consuelo en medio de ese sufrimiento: el cielo.

En 2 Timoteo 1:12, Pablo dice acerca de su sufrimiento: «Por lo cual asimismo padezco esto; pero no me avergüenzo, porque yo sé a quién he creído, y estoy seguro que es poderoso para guardar mi depósito para aquel día».

Desde la perspectiva del mundo, el sufrimiento de Pablo por causa del evangelio debería avergonzarlo. Mientras el mundo nos lanza preguntas: ¿Por qué soportas todo esto? ¿No sabes lo que la gente dice de ti? Pablo responde con una confianza segura en el poder y el carácter de Dios.

De igual manera, en 2 Timoteo 2:8-10, Pablo escribe:

> Acuérdate de Jesucristo, del linaje de David, resucitado de los muertos conforme a mi evangelio, en el cual sufro penalidades, hasta prisiones a modo de malhechor; mas la palabra de Dios no está presa. Por tanto, todo lo soporto por amor de los escogidos, para que ellos también obtengan la salvación que es en Cristo Jesús con gloria eterna.

La esperanza de Pablo, mientras se encuentra en prisión, es que la Palabra de Dios no puede ser encadenada. Es lo suficientemente poderosa para lograr todo lo que Dios pretende. Esa es la razón por la que él soporta el sufrimiento por el bien de los elegidos, aquellos que realmente han sido llamados por Dios a través de Su Palabra.

¿Qué piensa Pablo en la cárcel? La Palabra de Dios, el propósito invencible de Dios de salvar a los elegidos, y su eventual gloria venidera. Hermano pastor, ¿estás sufriendo en este momento? Piensa en estas verdades antes de pensar en cualquier cosa.

4. PENSAR EN EL CIELO NOS PROTEGE DE LA AMARGURA.

Ser llamado al ministerio implica ser traicionado. Jesús no salió de Su ministerio terrenal sin un Judas, y con la mayoría de nosotros sucederá lo mismo. Ciertamente le ocurrió a Pablo.

> «Alejandro el calderero me ha causado muchos males; el Señor le pague conforme a sus hechos. Guárdate tú también de él, pues en gran manera se ha opuesto a nuestras palabras» (2 Ti. 4:14-15).

Alejandro lastimó a Pablo. No se nos dice la naturaleza de los «muchos males» que le causó, pero habría sido muy fácil para Pablo llenarse de amargura, primero contra las personas y segundo contra Dios.

Y la situación empeoró, nadie vino a ayudarle. «En mi primera defensa ninguno estuvo a mi lado, sino que todos me desampararon» (2 Ti. 4:16a). Sin embargo, frente a esto, pudo decir: «No les sea tomado en cuenta». ¿Cómo pudo Pablo decir esto?

> Pudo decirlo porque incluso en sus momentos más oscuros sentía la cercanía del Señor: «Pero el Señor estuvo a mi lado, y me dio fuerzas… Así fui librado de la boca del león» (2 Ti. 4:17). Pero no se detuvo allí. La celebración de Pablo por la protección del Señor también se extendió hacia el futuro, en-

focándose en la realidad prometida del cielo: «Y el Señor me librará de toda obra mala, y me preservará para su reino celestial. A él sea gloria por los siglos de los siglos. Amén» (2 Ti. 4:18).

Hermanos, el cielo compensará todos los males que nos hayan hecho. No tiene que «arreglarse» o resolverse en esta vida. Podemos encomendarnos al que juzga justamente. Podemos amar a nuestros enemigos.

Pero el enfoque de Pablo en la eternidad no es solo para aquellos que se opusieron a él. También es para los que lo ayudaron:

> Tenga el Señor misericordia de la casa de Onesíforo, porque muchas veces me confortó, y no se avergonzó de mis cadenas, sino que cuando estuvo en Roma, me buscó solícitamente y me halló. Concédale el Señor que halle misericordia cerca del Señor en aquel día. Y cuánto nos ayudó en Efeso, tú lo sabes mejor (2 Ti. 1:16-18).

Ya sea lamentándose por alguien que le hizo daño o alegrándose por alguien que lo ayudó, Pablo solía enfocarse en la eternidad. En otras palabras, eso lo volvió resistente y le dio un tierno corazón.

5. PENSAR EN EL CIELO HACE DEL DISCIPULADO UNA PRIORIDAD.

Como pastores, estamos llamados a invertir en otros. En ocasiones, nuestra inversión no sale como planeamos. A veces pasamos demasiado tiempo con Alejandro el calderero y no con Onesíforo el reconfortante. Rara vez somos lo suficientemente intuitivos para notar la diferencia, al menos desde afuera.

Sin embargo, aún estamos llamados a invertir en hombres confiables que puedan transmitir la fe a otros.

> Tú, pues, hijo mío, esfuérzate en la gracia que es en Cristo Jesús. Lo que has oído de mí ante muchos testigos, esto encarga a hombres fieles que sean idóneos para enseñar también a otros (2 Ti. 2:1-2).

Pablo le recuerda a Timoteo que podemos hacer esto por la presente gracia fortalecedora de Cristo, pero que también lo hacemos mirando hacia la eternidad:

> Tú, pues, sufre penalidades como buen soldado de Jesucristo. Ninguno que milita se enreda en los negocios de la vida, a fin de agradar a aquel que lo tomó por soldado. Y también el que lucha como atleta, no es coronado si no lucha legítimamente. El labrador, para participar de los frutos, debe trabajar primero. Considera lo que digo, y el Señor te dé entendimiento en todo (2 Ti. 2:1-2).

Hacer discípulos es un trabajo duro. Implica sufrir como soldados, entrenar como atletas y sembrar como labradores. Es un trabajo lento y a menudo desalentador. Pero es un trabajo significativo y fructífero que se sustenta al enfocar nuestros ojos en el precio: complacer al oficial al mando, ser coronados y recoger la cosecha.

6. PENSAR EN EL CIELO NOS IMPULSA A SEGUIR PREDICANDO.

No solo es difícil hacer discípulos, sino que también predicar es difícil, especialmente porque ambas cosas son tan «diarias».

Pablo le dice a Timoteo: «[predica] la palabra; [insta] a tiempo y fuera de tiempo; redarguye, reprende, exhorta con toda paciencia y doctrina» (2 Ti. 4:2). Pablo supone allí que habrá momentos en los que predicar no sea tan agradable como otras veces, ni igual de fructífero. No obstante, espera que estemos preparados para seguir predicando. Redargüir, reprender y exhortar con toda paciencia son los medios. Nada fácil, claro está.

Entonces, ¿cómo perseveramos? El cielo.

El versículo que precede a este encargo presenta la motivación: «Te encarezco delante de Dios y del Señor Jesucristo, que juzgará a los vivos y a los muertos en su manifestación y en su reino» (2 Ti. 4:1). Predicamos en presencia de Dios que juzgará a los vivos y a los muertos, y que un día regresará con poder y gloria en Su manifestación. Pablo centra nuestras mentes en el final —cuando ya no habrá más predicación—, para que podamos seguir adelante con nuestra predicación aquí y ahora.

7. PENSAR EN EL CIELO NOS AYUDA A TERMINAR BIEN.

Un día, nuestro ministerio llegará a su fin. Todos queremos terminar bien. No es coincidencia que el cielo impregnara la mente de Pablo de manera más aguda al final de su ministerio.

> Porque yo ya estoy para ser sacrificado, y el tiempo de mi partida está cercano. He peleado la buena batalla, he acabado la carrera, he guardado la fe. Por lo demás, me está guardada la corona de justicia, la cual me dará el Señor, juez justo, en aquel día; y no sólo a mí, sino también a todos los que aman su venida (2 Ti. 4:6-8).

Hermanos, pensemos más en la «corona de justicia». No evaluemos nuestros ministerios por lo que podemos ver ahora, sino por lo que será *después*, cuando Cristo aparezca y seamos recompensados por nuestro trabajo. Amémoslo. Amemos *Su manifestación*. Esto y solo esto nos permitirá terminar bien.

Acerca del autor

Mark Redfern es pastor de Heritage Baptist Church en Owensboro, Kentucky.

El cielo en la sala de consejería

Jeremy Pierre

El consuelo genérico es genial para problemas genéricos. Pero ¿quién experimenta problemas genéricos? Experimentamos problemas específicos: la ansiedad en un ambiente de trabajo específico, el dolor de un diagnóstico específico, el desánimo que proviene de comentarios específicos hechos por personas específicas.

Cuando estamos en problemas, buscamos soluciones específicas a nuestros problemas específicos. Nos encontramos escribiendo descripciones detalladas en un buscador, preguntándole a amigos si saben de alguien que haya enfrentado estas dificultades particulares o buscando en la Escritura las palabras precisas que más cerca reflejen lo que nos agobia.

Muchas veces, el cielo es el último concepto en el que pensamos cuando buscamos consuelo. El cielo se siente tan genérico. Lo asociamos con nubes, oro y alas de ángeles, no con la cruda realidad de la dinámica de un lugar de trabajo, diagnósticos médicos o conflictos interpersonales. El cielo no parece pertinente a los problemas de este mundo.

Pero la Escritura no nos presenta el cielo de esa forma. La Escritura no describe el cielo de manera general, sino de manera específica, con detalles destinados a sostener nuestros corazones en los momentos de aflicción. El Espíritu Santo aplica Su consuelo al asegurarnos que los valores garantizados del cielo son superiores a los valores pasajeros que sentimos que perdemos en esta vida. Así, los tiempos de angustia se convierten tiempos de formación, de ciudadanos de un mundo pasajero a ciudadanos de uno eterno.

LA ESCRITURA DESCRIBE LOS VALORES ESPECÍFICOS QUE HACEN QUE EL CIELO SEA, BUENO, *EL CIELO*.

Cuando los hombres escribieron acerca del cielo en la Escritura, claramente pensaron en él como un lugar real, con una dimensionalidad y vivacidad que superaban este mundo (2 Co. 12:3-4; Ap. 4:1-11). Estas descripciones no eran una hipérbole literaria. Estaban ancladas en la transmisión de valores específicos. Sobran los ejemplos.

El cielo cumple el valor de la *unión*. Pablo describe el cielo como el centro de comando para el regreso de Jesús, donde Él llamará a todos los que hayan muerto en la fe para que sean resucitados juntos (1 Ts. 4:13-18). Ya no habrá más separación debido a la muerte, solo la alegría fascinante de la reunión permanente.

El cielo cumple el valor de la *incorruptibilidad*. Pablo también describe la maravilla de un cuerpo resucitado: lo que se está pudriendo y deteriorando actualmente será incorruptible y estará en su máximo potencial en el cielo (1 Co. 15:35-56). No más dolores ni náuseas matutinas, solo fuerzas y energía para alcanzar todo el potencial del día.

El cielo cumple el valor de la *seguridad*. Pablo también describe el reino celestial como el lugar donde el Señor lo rescatará de toda obra de maldad y lo colocará a salvo en Su presencia (2 Ti. 4:18). No más ataques de pánico en respuesta a alguna nueva amenaza, solo una mente en reposo.

Pero sobre todo, el cielo completa el placer ininterrumpido de *estar con Dios*. En la descripción más amplia del cielo que cierra los dos últimos capítulos de la Escritura apocalíptica, Juan describe un lugar donde Dios se mueve de cerca para ofrecer consuelo personal a cada uno de Sus hijos, limpiando sus lágrimas, su lloro, lamento y dolor. Él está con ellos y todo está bien. Y no solo está bien, sino correcto (Ap. 21:1-4).

Estos son solo puntos destacados de los valores específicos representados en las descripciones del cielo en la Biblia. Estos detalles contrarrestan nuestras penas específicas en esta vida y nos permiten seguir adelante con la esperanza de lo que está garantizado para nosotros en Cristo.

DIOS PERMITE QUE SUS HIJOS ATRAVIESEN PROBLEMAS EN ESTA VIDA PARA QUE SIENTAN LA DIFERENCIA ENTRE LOS MAYORES Y MENORES DESEOS DE SUS CORAZONES.

El sufrimiento nos hace sentir el fracaso de los deseos menores que suelen ocupar nuestros corazones. Cuando los problemas llegan, despertamos de la ilusión de su permanencia. Perdemos trabajos, recibimos malos diagnósticos, nuestras reputaciones no se recuperan a los ojos de algunas personas. Estas ilusiones destrozadas nos hacen buscar lo que es realmente eterno. Los problemas nos hacen buscar esos valores celestiales.

Pero permíteme señalar algo importante acerca de las relaciones entre esos deseos terrenales menores y los mayores celestiales. Ambos son similares y diferentes; ambos comparan y contrastan.

Permíteme demostrarlo a partir de la Escritura. El escritor de Hebreos menciona el cielo en el contexto de la disciplina del Señor. Soportamos el sufrimiento en esta vida en parte porque hace que «participemos de su santidad» (He. 12:10). Esta santidad es algo que Él obra en *nosotros*, no algo que nosotros le traemos. Así que no nos acercamos al furioso resplandor del monte Sinaí, sino a la feliz bienvenida del monte Sion. Y allí, en esa ciudad celestial del Dios viviente, encontramos una gran variedad de personajes con los que ni siquiera sabíamos que anhelamos estar: innumerables ángeles ataviados para la celebración, una vasta asamblea de los nacidos en Cristo, los espíritus de los justos perfeccionados, y a Jesús el Mediador de un nuevo pacto sentado junto a Dios, el Juez de todos (12:22-24).

Este pasaje destaca tanto la diferencia *como* la similitud entre los deseos temporales y los celestiales. La diferencia se siente más pronunciada: Dios nos disciplina a través de la triste y no agradable (12:11) experiencia de quitarnos varios beneficios terrenales en varias oportunidades. Así, nos enseña a valorar menos las cosas terrenales y valorar más el participar de su santidad.

¿Pero *por qué* valoraríamos el participar de la santidad de Dios por encima de los beneficios terrenales como un trabajo seguro, un diagnóstico favorable o una reputación restaurada? Porque participar de la santidad de Dios nos da acceso a una asamblea celestial que trasciende nuestra imaginación.

Y aquí es donde la similitud brilla, si tenemos ojos para verla. Se nos garantiza la entrada a una asamblea élite y eterna, una seguridad sumamente más profunda que la que podría brindar cualquier trabajo. Somos corregidos en todo sentido, corporal y espiritualmente, una salud sumamente más profunda que un resultado limpio en una prueba que mide solo una determinada enfermedad. Se nos da un nombre duradero entre los justos, lo cual es mucho más profundo que una reputación restaurada en algún círculo social vagamente definido.

Todo esto se nos brinda en el sacrificio y la mediación de Jesús: promesas específicas para problemas específicos que nos afligen. Así que si quieres que tu corazón sea fortalecido con la esperanza del cielo, sé específico. No te quedes siendo genérico. Busca las promesas específicas asociadas con tu destino en Jesucristo. Así es cómo la Escritura sostiene nuestros corazones y empuja nuestros deseos hacia el cielo.

Acerca del autor

Jeremy Pierre es decano y profesor asociado de consejería bíblica en The Southern Baptist Theological Seminary y sirve como ancianos en Clifton Baptist Church.

Predica acerca del cielo para ayudar a tu congregación a luchar contra el materialismo

Ryan Fullerton

Como le gusta recordarme a mi co-pastor camerunés, el materialismo es un problema global. Las tarjetas de crédito agotadas que llenan las billeteras de tantos estadounidenses y la extorción que llena los bolsillos de tantos «funcionarios» en los países más pobres del mundo son síntomas de la misma enfermedad. El materialismo está en todas partes. El canto de sirena del evangelio de la prosperidad es tan atractivo en los remolques de doble ancho de la zona rural de Montana como en las chozas de barro del África rural.

Los pastores bíblicos, donde sea que se encuentren, saben que el materialismo es una pandemia global espiritualmente letal. Jesús mismo nos enseñó que «los afanes de este siglo, y el engaño de las riquezas, y las codicias de otras cosas, entran y ahogan la palabra, y se hace infructuosa» (Mr. 4:19). El deseo universal de cosas amenaza el progreso de la Palabra de Dios, que es la única que puede conducir a los hombres a la salvación.

¿Qué puede hacer un pastor? Una cosa que podemos hacer es predicar más acerca del cielo. La realidad del cielo contrarrestará el atractivo voraz y venoso que el materialismo tiene sobre nuestras almas. De acuerdo, pero ¿qué deberíamos decir *realmente* acerca del cielo? A continuación, he destacado cuatro formas en las que podemos predicar acerca del cielo que ayudarán tanto a nuestra congregación como a nosotros a aplazar el deseo enfermizo de tratar las cosas materiales de esta vida como nuestro tesoro supremo.

1. PREDICA EL CIELO COMO UNA MOTIVACIÓN.

Cuando Pablo ora por los colosenses, agradece a Dios por su amor y luego revela su causa. El amor que ellos «[tienen] por todos los santos» es «*a causa* de la esperanza reservada para vosotros en los cielos» (Col. 1:4-5). La esperanza del cielo libera la clase de amor en el corazón que ve a un hermano en necesidad y le ofrece los bienes de este mundo (1 Jn. 3:17).

Hay algo en estar seguro de que vas a un lugar con comunión divina, una calle hecha de oro y «banquete… de gruesos tuétanos» (Is. 25:6) que hace que sea más fácil tomar algo de dinero de tu cuenta bancaria y amar a tu hermano con tu dinero en efectivo. Por tanto, pastor, describe el cielo a tu congregación vívidamente. Explica con precisión y pasión cómo la obra de Cristo asegura el cielo. Cuando lo hagas, darás un poderoso golpe contra el materialismo en sus almas.

2. PREDICA EL CIELO COMO MATERIAL.

El cielo es un lugar real y no es como la tierra. La transición al cielo no consiste en pasar de un mundo con placeres materiales a un mundo de nubes y vapores espirituales que transmiten una vibra divina totalmente asombrosa. El cielo es un lugar de ciudades y puertas, personas y lugares, comida y ropa. Es como la tierra, pero sin pecado.

Pedro nos dice que «según sus promesas, nosotros esperamos un cielo nuevo y una tierra nueva, donde reinará la justicia» (2 P. 3:13). Con mucha frecuencia, predicamos como gnósticos en lugar de cristianos. Pensamos que el cielo es un lugar de puros placeres espirituales en vez de un lugar donde los placeres materiales y espirituales se unen.

¿Cuántas veces te han asegurado que en el cielo no disfrutarás de las calles de oro porque estarás demasiado ocupado disfrutando de Jesús y solo Jesús? ¿En serio? ¿Construyó Jesús calles de oro para que pasaran desapercibidas? ¿Qué tal si Jesús las construyó como una de las «abundantes riquezas de su gracia» que desea mostrarme en Su bondad? (Ef. 2:7).

Tenemos que volver a calibrar nuestras creencias. El cielo es el lugar donde la relación entre lo material y lo espiritual ya no compiten. En el cielo, el perfecto mundo material da alabanza a nuestro perfecto Salvador creador y redentor. Por tanto, pastor, predica acerca de un cielo material para que los cristianos encarnados a los que les predicas sepan cuán bueno y comprensible es el tesoro que les espera. Es difícil ser motivado por algo que no puedes imaginar, mucho menos comprender.

3. PREDICA EL CIELO COMO UN ALMACÉN.

Los pecadores materialistas acumulan bienes materiales para su propio disfrute aquí en la tierra. Al hacerlo, adoran y sirven a las cosas creadas en lugar de servir al Creador. Los cristianos, por otro lado, acumulan tesoros en el cielo para poder disfrutarlos con gran agradecimiento en presencia de su Padre que da dádivas generosamente. Jesús quiere que busquemos esa clase de acumulación.

Él dijo célebremente: «No os hagáis tesoros en la tierra, donde la polilla y el orín corrompen, y donde ladrones minan y hurtan; sino haceos tesoros en el cielo, donde ni la polilla ni el orín corrompen, y donde ladrones no minan ni hurtan. Porque donde esté vuestro tesoro, allí estará también vuestro corazón» (Mt. 6:19-21).

Como predicadores, tenemos el privilegio de anunciar a quienes no pueden ahorrar para su jubilación —y mucho menos para la próxima semana—, que al servir a Dios y usar sus recursos para servir a Su pueblo, pueden almacenar verdaderos tesoros en el cielo. También podemos compartir con quienes están ocupados encontrando las inversiones más lucrativas y seguras aquí en la tierra, que la inversión más lucrativa y segura se encuentra cuando servimos Dios aquí en la tierra con el propósito de recibir más de Sus tesoros en el cielo.

¿Cuáles serán esos tesoros? Ve mi punto anterior. Los cristianos discrepamos al respecto, pero creo que incluyen tesoros materiales como «banquete de manjares suculentos, banquete de vinos refinados, de gruesos tuétanos y de vinos purificados» (Is. 25:6), ¡todo disfrutado sin pecado para alabanza de Su gracia gloriosa, creadora de lo material y salvadora de almas!

4. PREDICA EL CIELO COMO UN EJEMPLO.

En el cielo, el Dios que es Espíritu nos lleva a Su presencia a través de la obra de Su Hijo encarnado —allí está, lo material otra vez—, para disfrutar los tesoros con Él por siempre. ¿Tiene eso algo que ver con la vida aquí en la tierra? ¿Cómo reforma eso la manera en que oramos: «Venga tu reino. Hágase tu voluntad, como en el cielo, así también en la tierra»?

Bueno, en parte, quiere decir que vivir fielmente aquí significa disfrutar los bienes materiales para glorificar a nuestro Padre así como lo haremos en el cielo. Cuando era un nuevo creyente, fui profundamente influenciado y dañado por ciertas doctrinas reformadas que enfatizaban el peligro de las buenas dádivas de esta vida sin el debido énfasis en la necesidad de disfrutar de las bendiciones materiales de esta vida. Después de que me dijeron que debía vivir la vida sobreviviendo con las necesidades básicas, me sorprendió saber que Pablo dijo a los ricos no solo que debían dar, sino que debían disfrutar de lo que se les había dado.

A los ricos de este siglo manda que no sean altivos, ni pongan la esperanza en las riquezas, las cuales son inciertas, sino en el Dios vivo, *que nos da todas las cosas en abundancia para que las disfrutemos.* Que hagan bien, que sean ricos en buenas obras, dadivosos, generosos; atesorando para sí buen fundamento para lo por venir, que echen mano de la vida eterna (1 Ti. 6:17-19).

Dios animó a los ricos a disfrutar las buenas dádivas que ha-bían recibido en la misma forma que los llamó a acumular tesoros en el cielo. Esto me llevó a una evaluación crítica: seremos más generosos si consideramos que Dios es generoso con nosotros. Es difícil motivarse para almacenar tesoros en el cielo si piensas que estás sirviendo a un Dios tacaño que nunca te deja disfrutar nada aquí en la tierra. Pero es mucho más fácil dar y almacenar tesoros en el cielo si servimos a un Dios que, a veces, nos provee abundantemente aquí en la tierra, como lo hará en el cielo.

Hermanos, en el cielo disfrutaremos las buenas dádivas de Dios en su gloriosa presencia. Cuanto más veamos esto, más motivados estaremos para abandonar el materialismo y dejar que nos despojen de «bienes y hogar». En el cielo, el verdadero evangelio nos habrá llevado a un mundo que es espiritual y materialmente rico. Sabiendo esto, podemos esperar genuinamente el cielo mientras almacenamos con entusiasmo tesoros para disfrutar allí. Dado que Dios planea colmarnos de dádivas espirituales en el cielo eternamente, deberíamos agradecerle por cualquier dádiva generosa que nos dé aquí en la tierra. Su generosidad presente y futura debería romper el dominio que el materialismo tiene sobre nosotros y liberarnos para compartir nuestras dádivas materiales con los demás en amor.

Acerca del autor

Ryan Fullerton es el pastor principal de Immanuel Baptist Church en Louisville, Kentucky.

¿Deberías hablar acerca del cielo cuando compartes el evangelio?

Matthias Lohmann

Los cristianos encuentran su máxima esperanza no en esta vida, sino en la vida venidera. Pero ¿cómo transmites este concepto en el evangelismo sin parecer un lunático? ¿Deberías hacerlo?

Gran parte del evangelismo parece haber renunciado incluso a intentar esto. ¿Acaso no es suficiente que el incrédulo tenga que digerir que es un pecador, que Jesús murió en la cruz y resucitó por pecadores como él y, por cierto, que debe arrepentirse y depositar su confianza en este Jesús resucitado para poder pasar la eternidad junto a Él? ¿Realmente deberíamos hablar del cielo cuando compartimos el evangelio?

Mi respuesta a esta pregunta es un resonante *sí*. Al final, como escribió Pablo a los corintios: «Si en esta vida solamente esperamos en Cristo, somos los más dignos de conmiseración de todos los hombres» (1 Co. 15:19). El cielo es lo que todos nosotros finalmente anhelamos, ya sea que seamos conscientes de ello o

no. Y, de hecho, aquí es donde yo comenzaría mi evangelismo.

LOS MAYORES DESEOS

Me gusta hablar con los no creyentes acerca de sus mayores deseos. A veces toma algo de tiempo, pero generalmente son capaces de comunicar lo que realmente anhelan. Puede ser el *amor verdadero* para aquellos que no han sido amados, o que luchan con relaciones que se han salido de las manos, o que han sido traicionados por seres queridos. Puede ser el *descanso* para quienes se sienten constantemente tensos, agotados y fatigados. Puede ser la *justificación* para los que están dolorosamente conscientes de su pecado. Puede ser el *gozo* para aquellos que están tristes. Puede ser la *tranquilidad* y el *alivio* para quienes han soportado grandes dificultades y dolores. Puede ser el *consuelo* para los que lloran. Puede ser la *justicia* para quienes han sido víctimas de la injusticia.

Todo el mundo desea cosas como estas, pero pocos sienten la esperanza de que sus deseos lleguen a cumplirse.

CÓMO EL CIELO SATISFACE NUESTROS MAYORES DESEOS

Aquí es donde entra el cielo, o debería decir, aquí es donde entran los cielos nuevos y la tierra nueva (Is. 65:17; 66:22; 2 P. 3:13; Ap. 21:1). Es aquí donde reinará el amor perfecto. Este es el lugar del perfecto descanso. Aquí es donde habita la justificación. Este es el lugar de sumo gozo. Aquí es donde todas las lágrimas serán enjugadas y donde ya no habrá más muerte, ni habrá más luto, ni llanto, ni dolor. Y este es el lugar de la justicia perfecta.

El cielo es el lugar más atractivo que podamos imaginar. El cielo es la respuesta a todos nuestros grandes anhelos. Y, sobre todo, el cielo es el lugar donde veremos a nuestro hermoso Señor Jesús cara a cara. Por tanto, al evangelizar, ¿cómo podrías dejar de hablar acerca de la mejor parte de las buenas nuevas?

Nunca he conocido a alguien que no se sienta atraído por esto. Algunos podrían descartarlo como «demasiado bueno para ser verdad»; otros podrían decir que es un cuento de hadas fantasioso. Lo rechazarán por una u otra razón.

Pero para otros, esta promesa del cielo simplemente tiene sentido. Si Dios existe y nos ha creado, entonces es totalmente lógico que nos haya dado a todos deseos que encuentren su máxima satisfacción en Él.

EVANGELIZACIÓN DECEPCIONANTE

Por otro lado, si no hablamos del cielo cuando evangelizamos, podríamos terminar exagerando cómo será la vida del cristiano en esta tierra. Podríamos descartar la teología de la salud y la prosperidad como una ideología, pero nuestro evangelismo podría ofrecer, por cierto, una versión modificada de esto.

Y, por supuesto, decepcionará.

Quizás temamos parecer locos cuando comenzamos a hablar acerca del cielo. Pero ¿es realmente más fácil creer que esta vida, como todos la conocemos, de repente se volverá casi perfecta si solo agregamos a Jesús? Ciertamente, de alguna forma todo *será* mejor porque tenemos al Espíritu Santo como nuestro poder de lo alto, nuestro consolador, nuestro consejero y nuestro guía. Sin embargo, el gran propósito del Espíritu Santo es guiarnos en esta vida hasta que alcancemos... ¡el cielo!

Amigos, hablemos del cielo en nuestro evangelismo porque es el objetivo final de la promesa del evangelio.

Acerca del autor

Matthias Lohmann es pastor de una iglesia evangélica en el centro de la ciudad de Múnich, Alemania, y uno de los líderes de la asociación evangélica alemana Evangelium21.

¿Cómo la esperanza del cielo impulsa las misiones?

Wayne Chen

La serie de la Segunda Guerra Mundial, *Band of Brothers*, registra la conversación entre un teniente de acero y un temeroso soldado agazapado en una trinchera.

> Te escondiste en esa zanja porque piensas que todavía hay esperanza. Pero la única esperanza que tienes es aceptar el hecho de que ya estás muerto. Cuanto antes lo aceptes, antes podrás actuar como se supone que un soldado debe actuar, sin misericordia, sin compasión, sin remordimiento. Toda guerra depende de ello.

Ante probabilidades imposibles y un miedo abrumador, el teniente alega que el nihilismo es la única motivación funcional para un soldado desanimado.

El campo misionero se describe a menudo como un campo de batalla por las almas perdidas. ¿Cuál es nuestra motivación en esta guerra? Ciertamente una es la esperanza del cielo.

Dios ha encomendado la Gran Comisión a la iglesia local y sus miembros. Con el fin de llevar el evangelio al resto de los grupos de personas no alcanzados, enfrentamos dificultades abrumadoras, una oposición constante y un peligro permanente. Lo que ponemos en nuestro tanque determina cuán lejos iremos.

Aquí tienes tres razones por las que la esperanza del cielo debería impulsar las misiones.

1. LA ESPERANZA DEL CIELO ESTABLECE LA URGENCIA DE LAS MISIONES.

El cielo es real, y el infierno también lo es. Ambos impulsan y movilizan nuestros esfuerzos misioneros.

Mi familia sirvió como plantadores de iglesia entre un grupo tribal no alcanzado en el Pacífico Sur. Luego de cuatro años de estudiar el idioma y la cultura, nuestro equipo presentó el evangelio a la tribu en el año 2012.

Varios meses después de la fundación de la iglesia, la primera generación de creyentes tribales enfrentaron un dilema: ¿cómo deberían llamarse? La palabra «cristiano» no existía en el idioma tribal. Luego de mucha discusión, decidieron llamarse los «vivientes». Por su parte, se referían a los incrédulos como los «muertos». Con el transcurso de los años, estos creyentes tribales se sintieron motivados a compartir el evangelio con sus familiares tribales, ya que su idioma les recordaba que estos parientes estaban «muertos» espiritualmente.

Estos creyentes tribales entendieron que el pueblo de Dios está «verdaderamente vivo». El evangelio no mejora simplemente nuestro estatus socioeconómico o nos ayuda a «hacer borrón y cuenta nueva» moralmente. La cruz cambia nuestra posición ante un Dios santo: somos resucitados de la muerte a la vida. Por medio de la justicia imputada de Cristo, el evangelio nos permite disfrutar eternamente de la gloria de Dios en el cielo.

Pero lo contrario al cielo no es la ausencia de él, es una presencia activa en el infierno. Los cristianos a veces dudan en ver el temor al infierno como una motivación para la misiones. Sin duda, el propósito principal de las misiones es el renombre y la gloria de Dios entre las naciones. Pero la realidad del infierno es una motivación legítima para las misiones. Deleitarse en la esperanza del cielo sin reconocer la realidad del sufrimiento eterno es ingenuo en el mejor de los casos, y una distorsión del evangelio en el peor de ellos. La realidad del cielo y del infierno establece la urgencia de la misiones.

2. LA ESPERANZA DEL CIELO ASEGURA LA CENTRALIDAD DEL EVANGELIO.

Vivimos en una época donde todo bajo el sol se considera misiones. ¿Cavar pozos en África? ¿Comenzar un programa de desayunos en Mumbai? ¿Practicar el ministerio de misericordia para «mostrar el amor de Jesús»? Todo es misiones en el intricado pensamiento evangélico actual. Por supuesto, ninguno de estos ministerios es malo. Los ministerios de misericordia ayudan a los misioneros a entrar estratégicamente y ganar credibilidad en lugares hostiles. Pero la meta principal de las misiones es la proclamación del evangelio que resulta en iglesias sanas. Todo

lo que hacemos en el campo misionero debería hacerse con ese objetivo en mente.

Cuando digo que la esperanza del cielo asegura la centralidad del evangelio, estoy sugiriendo que una teología correcta del cielo nos recuerda que las misiones no buscan edificar el cielo en la tierra, sino reconciliar a personas pecaminosas, rotas y espiritualmente muertas con Dios su creador. En Cristo, el reino de los cielos ha irrumpido en este mundo caído. Pero no intentamos crear una utopía terrenal. Una utopía sin Cristo en la tierra no salva a nadie. Esa es la razón por la que tenemos que seguir predicando el evangelio, y la esperanza del cielo nos mantiene enfocados en esa tarea (Ap. 7:10). La esperanza del cielo también nos enseña que «mostrar el amor de Jesús» exige que proclamemos Su mayor acto de amor: ¡la cruz! Juan 4:16 ilustra el camino al cielo con una exclusividad innegociable. Nadie va al cielo sin Jesús, sin Su sangre en la cruz y la tumba vacía. «Mostrar el amor de Jesús» sin explicar Su mayor amor oculta el poder del evangelio.

El cielo importa. Una clara visión del cielo nos trae de vuelta a la centralidad de la cruz y la resurrección de Cristo en todo lo que hacemos en las misiones.

3. LA ESPERANZA DEL CIELO NOS ENSEÑA A SUFRIR BIEN.

La principal razón del desgaste de los misioneros no es el corazón endurecido de los no alcanzados, sino la falta de preparación de los misioneros para el sufrimiento. Demasiados obreros no están preparados para vidas demasiado estresantes. No están listos para la tensión en su matrimonio, sus hijos y todas sus relaciones.

Una atención inadecuada al cielo magnifica estas dificultades. Pero quienes desean llevar el evangelio a los no alcanzados deben estar preparados para sufrir, y una de las mejores formas de hacerlo es comenzando a reflexionar ahora sobre la esperanza del cielo.

Pablo comparó su «leve tribulación momentánea» con el «eterno peso de gloria» (2 Co. 4:17). El sufrimiento viene. Las dificultades duelen. Las pruebas nos sobrecargan. La larga lista de las aflicciones de Pablo en 2 Corintios 11:23-28 realmente sucedió y dolió. La única razón por la que Pablo pudo poner estos sufrimientos en una caja etiquetada como «leve y momentánea» se debe a que esperaba «aquel día» en el que recibiría su recompensa (2 Ti. 4:8). Nuestra esperanza del cielo nos recuerda lo que es temporal y lo que es eterno. La esperanza del cielo nos ayuda a sufrir bien porque nuestros ojos están puestos en «aquel día» más que en «hoy».

La esperanza del cielo nos motiva a seguir adelante. La esperanza del cielo, tanto para nosotros como misioneros como para aquellos a quienes deseamos alcanzar con el evangelio, impulsa nuestro trabajo. Entonces podemos decir con seguridad que vamos a los confines de la tierra *porque* creemos que siempre hay esperanza. Todas las personas del planeta vivirán *para siempre*. Cuanto antes aceptemos esa realidad, antes nos dedicaremos a las misiones con *urgencia, enfoque* y *perseverancia*.

Acerca del autor

Wayne Chen tiene una Maestría en Divinidad del Gordon-Conwell Theological Seminary y fue pastor en el norte de California antes de llegar al campo misionero. Wayne ahora se desempeña como director de Radius Asia.

IX 9Marks

Construyendo Iglesias saludables

¿TU IGLESIA ES SALUDABLE?

El propósito de 9Marks es equipar a los líderes de la Iglesia con una visión bíblica y recursos prácticos para mostrar la gloria de Dios a las naciones a través de iglesias saludables.

Para ello, queremos ayudar a las iglesias a crecer en nueve marcas de salud que a menudo se pasan por alto:

1. Predicación expositiva.
2. Teología bíblica.
3. Un entendimiento bíblico de la buenas nuevas.
4. Un entendimiento bíblico de la conversión.
5. Un entendimiento bíblico del evangelismo.
6. Un entendimiento bíblico de la membresía.
7. Disciplina bíblica en la Iglesia.
8. El discipulado y el crecimiento bíblico.
9. Liderazgo bíblico en la Iglesia.

En 9Marks escribimos artículos, libros, reseñas de libros y un diario en línea.

Organizamos conferencias, grabamos entrevistas y producimos otros recursos para equipar iglesias para mostrar la gloria de Dios.

Visita nuestro sitio web para encontrar contenido en más de 30 idiomas y regístrate para recibir nuestra revista en línea de forma gratuita. Consulta el listado de nuestro sitio web en otros idiomas en:

9marks.org/about/international-efforts

Libros

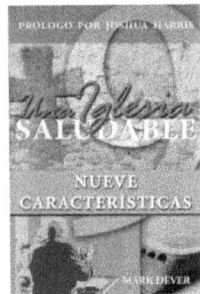
Una Iglesia SALUDABLE — NUEVE CARACTERÍSTICAS — MARK DEVER

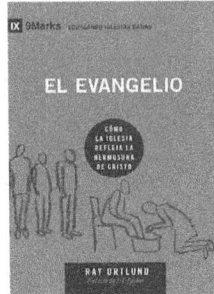
EL EVANGELIO — CÓMO LA IGLESIA REFLEJA LA HERMOSURA DE CRISTO — RAY ORTLUND

¿qué es el EVANGELIO? — Greg Gilbert

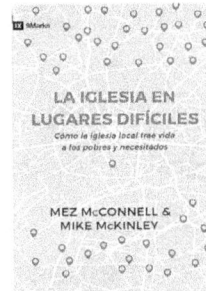
LA IGLESIA EN LUGARES DIFÍCILES — Cómo la iglesia local trae vida a los pobres y necesitados — MEZ McCONNELL & MIKE McKINLEY

LA COMUNIDAD ATRACTIVA

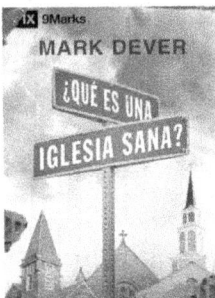
MARK DEVER — ¿QUÉ ES UNA IGLESIA SANA?

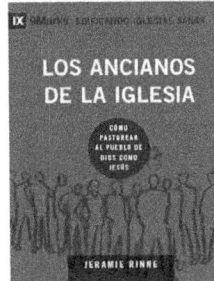
LOS ANCIANOS DE LA IGLESIA — CÓMO PASTOREAR AL PUEBLO DE DIOS COMO JESÚS — JERAMIE RINNE

¿Por qué confiar en LA BIBLIA? — Greg Gilbert

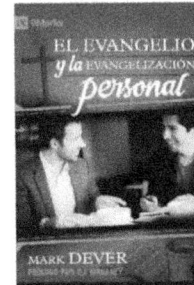
EL EVANGELIO y la EVANGELIZACIÓN personal — MARK DEVER

Básicos para la iglesia

La autoridad de la congregación

LA MEMBRESÍA DE LA IGLESIA — JONATHAN LEEMAN

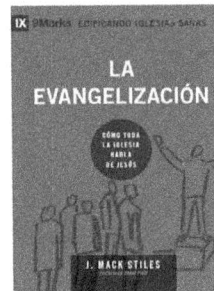
LA EVANGELIZACIÓN — J. MACK STILES

¿Quién es JESÚS? — Greg Gilbert

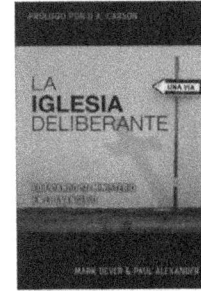
LA IGLESIA DELIBERANTE — MARK DEVER & PAUL ALEXANDER

El Bautismo

El liderazgo de la iglesia

LA DISCIPLINA EN LA IGLESIA — JONATHAN LEEMAN

LA PREDICACIÓN EXPOSITIVA — DAVID HELM

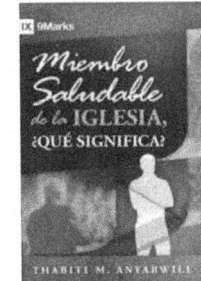
EL PASTOR Y LA CONSEJERÍA — LOS FUNDAMENTOS DE PASTOREAR A LOS MIEMBROS EN NECESIDAD

Miembro Saludable de la IGLESIA, ¿QUÉ SIGNIFICA? — THABITI M. ANYABWILE

La Santa Cena

DISCIPULAR — MARK DEVER

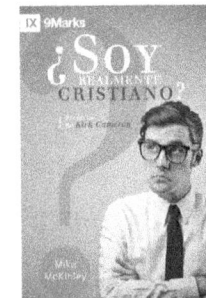
LA SANA DOCTRINA — BOBBY JAMIESON

¿SOY REALMENTE CRISTIANO? — Mike McKinley

UN CAMBIO VERDADERO: LA CONVERSIÓN

La Gran Comisión

Clases esenciales

Las clases esenciales de Capitol Hill Baptist Church nos ayudan a entender las sutiles complejidades y las grandes verdades de nuestro Dios, de la teología, del ministerio y de la historia, de la cual él es el autor. Diseñadas para usarse los domingos por la mañana, como una escuela dominical, las clases esenciales están abiertas a todas las personas. Por favor, siéntete libre para usar estos materiales de las clases esenciales en tu iglesia. Puedes imprimir y copiar todos los archivos (manuscritos, apuntes, etc.) como sea necesario, incluso adaptándolos para tus necesidades locales (personalizando los documentos para tu congregación). Es posible que existan enlaces en algunas de las clases que te dirijan a materiales protegidos por derechos de autor, pertenecientes a otras organizaciones.

Listado de clases esenciales disponibles: **http://es.9marks.org/clases-esenciales/**

Estudios Básicos

 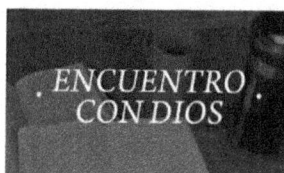  

Roles Cristianos

  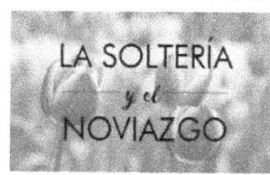

Próximos Cursos

Crianza de niños

Otros

  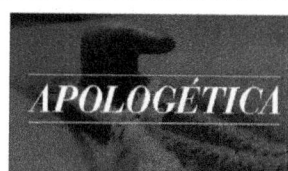

Próximos Cursos
Misiones
Conserjería Bíblica
El Cristiano en el Trabajo
Nuevo Testamento

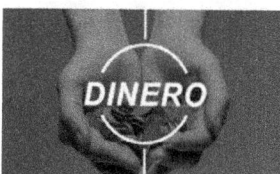   

Revistas

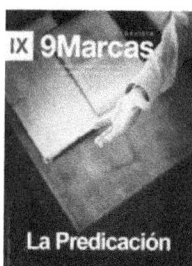    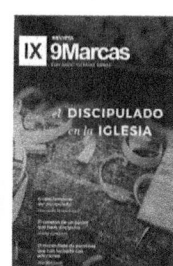